砍頭與釘樁

不死族的千年恐懼與考古追獵之旅

GEKÖPFT UND GEPFÄHLT

ARCHÄOLOGEN AUF DER JAGD NACH DEN UNTOTEN

安格莉卡・法蘭茲 Angelika Franz
丹尼爾・諾斯勒 Daniel Nösler—著

區立遠—譯

目錄

導論

Einleitung

一個人要有多絕望，才會在半夜去墓地，撬開甫逝者的墳墓？他得克服內心多少反感，何等道德禁忌？反正喬爾吉・馬里涅斯科（Gheorghe Marinescu）覺得自己有充分理由。聖誕節前不久，在羅馬尼亞瓦拉幾亞（Walachia）地區，一個叫馬洛提努德蘇斯（Marotinul de Sus）的小村子裡，馬里涅斯科的小舅子彼得・多馬（Petre Toma）過世了。之後馬里涅斯科的女兒生了重病，她說彼得舅舅半夜會來找她。那太可怕了，她說，彼得舅舅讓她做了可怕的噩夢，夢裡舅舅要吃她的心臟。馬里涅斯科非常清楚這代表什麼：他的小舅子已經成了一個**死催戈**[1]：一個不死族。這個復行者[2]會在半夜從墳墓爬出來，把外甥女帶走。

喬爾吉・馬里涅斯科跟每位村人一樣，很清楚該怎麼辦。小時候爸爸就教過他這個辦法了，而他爸爸又是從爺爺那裡學到的。一月九日半夜，天氣寒冷，他跟五名伙伴先喝了不少酒壯膽，然後一起到那座還插著粗木十字架的新墳上去幹活。棺材蓋撬開之後，他們的懷疑得到了證實。死者的雙手不再整齊交疊於胸口上，而是落在軀體旁，頭歪向一邊，嘴邊有帶著泡沫的血塊。他們用小鐮刀在開始腐敗的皮膚上切出一個十字型的開口。因為需要敲斷肋骨，他們就用耙牛糞的釘耙來敲。他們把心臟叉出來之後，走到一個十字岔路上，在那裡把燒紅的木炭塞進心臟，最後用一塊抹布把燒焦的心臟殘渣包起來。回到家後，他們把彼得・

多馬的心臟用小臼磨成粉，用水攪勻，現在外甥女必須把這碗湯喝下去。這次行動成果斐然。才喝下去沒多久，她已經覺得好多了。看起來死催戈已經被趕走，馬洛提努德蘇斯小村可以再度恢復平靜了。

這件事看起來像中世紀的恐怖童話，或某個想像力發達的小說作者所虛構，但實際上是發生在幾年之前，就在二〇〇四年一月。而且馬洛提努德蘇斯小村並沒有恢復平靜。因為死者的一名女兒在縣城克拉約瓦（Craiova）向檢察署提出了告訴。這位女士早已不過村人那種生活，多年前就嫁到城裡。那些人對她父親所做的事，她不打算容忍。然而她的控告只是把一切弄得更糟糕。為了調查案情，彼得．多馬的遺體必須再被挖出來一次。在村民的圍觀之下，墳墓再度打開了。確實，跡象不容任何懷疑：遺體裸露，胸腔被打開，心臟的位置成了一個洞。那幾名被告被判處六個月監禁，然而沒人為此入獄，因為入監通知從未寄到村子裡。「他們又沒有做錯什麼事。」村民的意見很一致。畢竟當死催戈作怪時，大家都是這麼處理的。以後有必要的話，也一定還會這麼做。

1 Strigoi，羅馬尼亞神話中的不死者。

2 Wiedergänger，復行者，泛指死後還有行動能力的人。

如果有人雖然感到害怕，但還是舒舒服服的躺在沙發上，以為這種故事也許能發生在瓦拉幾亞偏遠的小村裡，但絕不會出現在我們思想開明的中歐，那他可得小心一點。在我們這裡，也不是所有死者都被當作已逝。而且甚至不用翻找中世紀的案例，只要翻開一九六四年七月一日的新聞雜誌《明鏡週刊》（*Der Spiegel*）五十一頁就好。一篇新聞報導指稱，十九歲的西柏林人賴蒙德・科斯林（Raimund Kößling）謀殺了他七十八歲的女房東安娜・阿恩特（Anna Arndt），手法是切開喉嚨，再用一塊木頭貫進胸口。他被逮捕之後，試著對刑事警察解釋原因：「她控制我了，她是吸血鬼。所以我不得不殺掉她。」刑警把這名拘留中的青年交給精神科專家，讓他們釐清這件事到底怎麼回事。

報導最後一句話是：「這也許是德國現代刑事史上第一件這種類型的犯罪。」就德意志聯邦共和國以及活生生殺害一個吸血鬼來說，這話倒也沒錯。不過如果是把已死的（或者說得更確切一點，把不死的）吸血鬼砍頭，那幾乎只是在此三十年之前的事。一九三二年的一份法院檔案顯示，上西里西亞（Oberschlesien）小村羅斯沁[3]發生了一樁屍體砍頭案。作案動機：犯人相信死者是吸血鬼。另外在一九一三年九月三十日，但澤（Danzig）地方法院判處一群男性一個月到六星期不等的監禁。因為他們把兩年半前過世的一名女性從墓裡挖了出來，用鏟子切下頭。被告在法庭上也證稱這個女人是吸血鬼，已經奪走他們七名家人的性命。

說真的，我們全都還是有點相信這回事，對吧？不管再怎麼理性的人，當他半夜獨自走過墳場，還是不免要心跳加快。這是為什麼？我們下意識裡發生什麼事？那被喚醒的，是一種原始恐懼。不死族是一個原始神話，深深根植在人類物種的想像與信仰世界裡。我們難以抗拒這種恐懼，就像我們無法不對火的破壞力感到敬畏，或者無法改變我們在大白天比在漆黑的夜裡感覺更愉快這件事實。

一直以來，世界各地的人類都相信有不死族。從石器時代一直到今天，從中國的殭屍到斯堪地那維亞的**屍鬼**[4]，關於吸血鬼、復行者與索命鬼[5]的故事層出不窮。而且當我們的視線離開有限的傳奇故事，進到各種非常不同的學術領域，比如民族學、歷史學，特別是考古學與法醫學裡，才會真的發現，不死族的存在一直以來是多麼普遍。本書首度從所有這些領域裡，把人類對不死族信仰的各式各樣例證集結起來。總而言之：墳場裡的不死族真是不可勝

3 Rosdzin，今天是波蘭城市卡托維茲（Katowice）的一部分。
4 draugar，北歐神話裡的不死族。
5 Nachzehrer，索命鬼是復行者的一種，會讓與他有關聯的或甚至一般人跟著死亡。北德也用這個詞稱吸血鬼。

數。然而要認出他們，不是看有沒有一對尖牙或者嘴上有沒有帶血的泡沫，而是要看遺族採取什麼手段來把他們固定在墳墓裡，以阻止他們重返人間。有時候是用長長的鐵釘把身體釘死在棺材裡，有時候則是用沉重的大石頭壓在不死族的胸口上。也有時候你只能從被挖空的心臟部位來辨認一個昔日的吸血鬼。

不死族並非偏遠地區的荒蕪小村才會發生的現象，而是就出現在我們身邊。比如在柏林，在醜聞不斷的柏林國際機場[6]所在的地段上，就聚集了很多不死族。在營建工程開始之前，那裡原本有個叫作迪朋湖（Diepensee）的住宅區。然而因為新建機場的緣故，所有人二〇〇四年都轉而安置到別處去了。營建機具準備開挖之際，考古學者對該地段包括墳場在內的區域進行了調查。特別有趣的是那些中世紀的墳墓。這些墳墓的年代全都確實落在十三世紀早期與十四世紀中期之間；在那之後，或許因為遭遇瘟疫襲擊，村子就荒廢了。考古人員找到四二二名死者，當中二十五人，也就是將近百分之六，在當時很可能被視為並未真正死去。村民費了很大的力氣把這些死人永遠固定在墳墓裡：用石頭壓他們，或在肚子上鑽個洞，把腳剁掉，還用一塊燒黑的木板蓋起來，其中一人的頭甚至還被砍掉了。瘟疫襲擊之後，當地對不死族的信仰似乎也消失了。十八世紀此處再度有人居住時，墓地也恢復了平靜。

就連漢堡這個住著頭腦清醒商人的地方，也有不少復行者。在大城周遭延伸聚居的地帶，有個叫哈瑟費爾德（Harsefeld）的行政區，從前是威悉河與易北河之間的宗教重鎮。考古學家在這裡一座中世紀修道院的十字迴廊裡，挖出兩具不死族遺體：其中一個給一塊大石頭壓著，另一個連同棺木正面朝下埋在地底，而且為了安全起見，還用牆封起來。

在德國南部，不死族同樣讓活人不得安寧。比如在上法爾茨（Oberpfalz）地區的莫克斯多夫（Mockersdorf），距貝魯特（Bayreuth）只有二十公里遠的地方，似乎就曾經有個不死族的巢穴。在墳場裡找到的三十名死者，當中六名有異常現象——不是被捆綁起來，就是用石頭壓著。其中一名女性死者的頭部被釘死在墳墓裡：而且是事後採取的措施，因為釘子是她自己的前臂骨。

這種信仰是從哪裡來的？我們能追溯到多早以前？不死族最早在什麼時候從我們歷史的暗處冒出來？這些問題都很難回答；我們追溯的時代越早，詮釋那些跡象的難度就越大。以遠古時代來說，鐵釘還不存在，木樁則早就消失，還剩下的是墳墓的蓋子：就是用來把墳墓

6 柏林新建的布蘭登堡機場，原定二〇一二年啟用，因種種建築錯誤至今無法完工，預估最快二〇二〇年才能營運。建造費用也由原先的十億歐元暴漲六倍。

大致上封住的東西。比如猛瑪象的肩胛骨就非常適合這個用途。這塊骨頭又大又重，無需加工就大約是個蓋子的形狀。

奧地利考古學家在克雷姆斯—瓦赫特山（Krems-Wachtberg）發現一塊猛瑪象肩胛骨，下面壓著兩具新生兒的骨骸，死亡年代大約是兩萬七千年前的新石器時代。兩具小小的軀體都是左邊朝下側躺，前後緊緊貼在一起，臉部朝向東方，小小的腿骨呈彎曲形狀。兩人死時的年齡相同，又是一起安葬，讓人猜測他們大概是雙胞胎。他們的骨頭上還蓋著一層厚厚的紅石灰。然而這層紅石灰在骨骸周圍的地上卻有一條清楚的界線，看起來在安葬時，兩具塗滿紅石灰的身軀是用一種有機材料包裹起來的，例如一張獸皮。考掘者在其中一個小孩的骨盆附近還找到許多小小的骨珠，或許原先是一條項鍊。安葬者在地上挖出一個洞，把小孩放進去，上面再小心用一塊猛瑪象的肩胛骨封起來。真的很小心：要從這個墓穴逃出來是不可能的。為了讓骨頭變平，安葬者把凸出的部位敲掉了——具體來說，是敲掉肩胛骨上的肩胛岡（Spina scapulae），好讓骨頭蓋在地上時不會搖晃。另一邊也有一塊加工過的象牙把肩胛骨穩穩頂住。

約當同一時代，在今天捷克的下維斯特尼采（Dolní Věstonice），也有人用猛瑪象的肩胛骨來覆蓋一名老婦人的墓穴。就這個時代來說，也就是格拉維特文化早期[7]，她甚至算是非常高壽的了：她死時很可能已經過了四十歲。她的臉與上半身也蓋著一層紅石灰。頭的旁邊有一個箭鏃，而且一隻手環抱著一隻北極狐。不過最讓人訝異的，是在墳墓不遠處找到的一個小型的象牙雕像。那是一個左半臉變形的女人像：沒有眼睛，表情歪斜。這名墓中女性當時的外貌一定就是這樣，因為她的臉骨有著完全相同的扭曲。

所以說，在這兩個舊石器時代的案例中，猛瑪象肩胛骨所覆蓋的人，都是在世時（不論多麼短暫）有某種奇特之處的人。雙胞胎向來都不常見，在許多文化裡甚至還具有特殊的社會地位——有些文化視之為吉祥，有些則看作詛咒。臉部扭曲且高壽的老婦人也很特殊：考掘者甚至把她詮釋為一位女薩滿[8]。當然我們無法確定，遺族用猛瑪象肩胛骨覆蓋死者，是不是因為害怕死者從墓中爬出來。然而，如果只是為了防止動物來吞食遺體，用猛瑪象肩胛骨就是拿大砲打小鳥——實在大材小用。而如果他們的目的不是阻止有東西跑進墓穴裡，那麼基本上只能是另一個方向了：防止有東西跑出來。

所以復行者信仰是從舊石器時代起一直延續到我們當代的。不過，讓我們換一個角度來

7 Gravettien，格拉維特文化屬於舊石器時代晚期，距今約兩萬八千年前到一萬九千年前之間。

8 特定宗教中能與神靈溝通、能治病的人。

看：如果不死族的信仰跟人類文化一樣古老，那麼我們不過是第一個不再如此相信的世代。我們給這原始恐懼披上一層理性的外衣，然而，這外衣就跟花園池塘在初冬夜裡新結的冰層一樣細薄。時至今日，仍然有很多人的死亡，如果換一個情境或在其他時代，就會被當成不死族。吸血鬼就跟從前一樣仍然存在我們之間。唯一的差別只是，我們大多數人（就連捫心自問時）再也不承認還相信這些存在。然而把我們跟古人區隔開來的，不過是這一層我們稱之為理性的薄冰。究竟是有吸血鬼，還是沒有呢？對於這個問題，每一個希臘人、羅馬人、凱爾特人、日爾曼人或維京人大概都會覺得莫名其妙，回答「當然有啊」，並且至少能說出一個伯父、表哥、姊夫或鄰居的例子，他們是怎樣才成功阻止死者重新爬起來。

在十八世紀上半葉，德國科學界也深入探討了這個問題。在一七二五與一七三四年間的**萊比錫吸血鬼之爭**裡，神學家、自然研究者與醫生，在論文與專書裡爭相提出最終的證據，來證明（或推翻）吸血鬼的存在。這些文件鉅細靡遺記載了許多當時的吸血鬼現象，是我們今天所能找到對吸血鬼最詳盡的描述。

這場爭論的起因，是奧地利皇室一名管理員弗洛姆鮑爾德（Frombald）於一七二五年四月六日發表的一份報告。報告裡他描述了基辛諾娃（Kisolova）小村裡所發生的奇怪事件，這村莊在奧匈帝國控制的塞爾維亞境內，大約是今天的齊希列弗（Kisiljevo）。這位認真敬業的官員寫道，那裡有一個名叫彼得．普洛戈喬維茲（Peter Plogojowitz）的人在十個星期前過世，也按照正常程序下葬了。不過後來就開始出狀況。八天之內，一連死了另外九個人。這些人在死前全都講述了同一個不可置信的故事，弗洛姆鮑爾德寫道：「上述那位在十星期前過世的普洛戈喬維茲在他們睡夢中出現，壓在他們身上，掐住他們的脖子，以致他們殞命。」普洛戈喬維茲也去找他太太，但不是為了掐她脖子，只是要她拿出一雙鞋，好讓他能離開基辛諾娃，去其他村子。

不過幸運的是，基辛諾娃的居民很清楚**吸血鬼**是怎麼回事（像普洛戈喬維茲這樣的不死族他們就稱為吸血鬼）。因為他們的村子從前也被吸血鬼襲擊過。那是還在土耳其人統治的時代，那些不死族簡直奪走了所有村民的性命。這一次，基辛諾娃的村民不願意讓事態發展到那種地步了。他們要求把墳墓挖開，以確認普洛戈喬維茲真的是吸血鬼。這是很容易確認的事：「因為在這種人身上……一定可以看到各種跡象，像是軀體不腐爛，皮膚、頭髮、鬍鬚、指甲等繼續變長等等。」村民對皇室管理員如此解釋。

管理員覺得這麼做很不合適，但是村民認為勢在必行，任何理由都無法勸阻他們。棺材被打開時，他們看到：「首先，無論是軀體還是墓穴，都絲毫沒有一般死人常有的氣味；除了鼻子掉下來以外，整具遺體都非常新鮮，頭髮與鬍鬚，甚至連指甲（當中較舊的已經脫落）都繼續生長，原先有點泛白的皮膚已經剝落，但下面冒出新生的皮膚；臉部、雙手、雙腳與軀幹都比他在世的任何時候還要完美。」這還不是全部。管理員甚至在死者嘴裡發現了血，而且完全沒有凝結，是新鮮的。

於是基辛諾娃的村民就動手了，攔也攔不住。他們把一根木棍削尖，刺穿了不死族的心臟。吸血鬼的耳朵與嘴巴湧出了大量的血。還有「其他狂亂的跡象」顯示了這個怪物正在作死前的掙扎（但弗洛姆鮑爾德在報告裡出於「對死者的尊重」，沒有明說是什麼跡象）。最後，村民把整具遺體燒成了灰。

一位在萊比錫大學研究哲學的年輕學者米歇爾・蘭夫特（Michael Ranft）讀到皇室管理員撰寫的這份報告。蘭夫特不相信鬼。他試著為基辛諾娃村的事件找出科學解釋。為什麼死者沒有腐爛？為什麼長出新的皮膚與指甲？死者口中怎麼會有血？死者如何能離開墓穴？為什麼那些在睡夢中見到死者的人會死去？他一七二八年發表的博士論文《論墳墓中死者的咀嚼與咂嘴現象》（*De Masticatione mortuorum in tumulis*）就探討這些問題。

蘭夫特在他的論文裡指出，村民殺死的並不是彼得・普洛戈喬維茲，而是他們自己的恐懼：「這位正直的普洛戈喬維茲突然暴病而亡。這種死亡，不論其過程如何，總是能使活著的人產生幻覺，以為死者在離去之後，還繼續侵襲他們。突如其來的死亡給死者周遭的人帶來不安。不安往往同時引發煩惱，煩惱又會生出憂鬱，憂鬱會造成失眠與噩夢。而這些充滿恐懼的夢境讓人的身體與精神如此耗弱，使得疾病上身，最後導致死亡。」

所以，基辛諾娃的鬧鬼現象，也許不外乎就是一場集體歇斯底里，最終造成死亡的事件？一七三一年年底，在基辛諾娃南方大約三百公里的麥德維加（Medvegia）小村同樣傳出吸血鬼攻擊，皇室的傳染病醫生格拉澤爾（Glaser）被派去當地調查事件真相。然而他從那裡所報導的情況，是無法用蘭夫特的理論輕易解釋的。雖然村民把所有死者都葬在同一座墳場，且土壤完全相同，但當中有些腐爛了，有些屍體看起來卻極其完好。

格拉澤爾在縣城雅戈丁那（Jagodina）的上司不知道該怎麼辦，案子於是送到貝爾格萊德（Belgrad），交由最高軍事機關來處理。軍方認為，這個事情一定要徹底查明，於是派了兩名上尉軍醫、兩名部隊人士以及一位教士到麥德維加去。一七三二年一月七日，上尉軍醫約翰・弗理欽格（Johann Flückinger）坐到書桌前，寫下了關於這些「所謂的吸血鬼」的調查報告。

整起事件是從大約五年前開始，阿諾德・保勒（Arnold Paole）這名屯兵從載運乾草的車上跌下來，摔斷了脖子，不久後就死了。這位保勒是個不尋常的傢伙。因為「這個人在世時，常常向人透露他曾在戈索瓦（Gossowa）被一個吸血鬼糾纏過，這地方在土耳其統治的塞爾維亞那裡，他為此吃了那吸血鬼墳墓的一些土，也把那鬼的血抹一些在自己身上，以便擺脫吸血鬼的折磨」。雖然那妖怪就此不再纏他，但保勒的靈魂也從此不得安寧。生命才剛結束，保勒也變成一隻吸血鬼了。在他死後大約二十天，就開始有村民說死者出現在他們的睡夢中，而且被造訪的人當中，先後有四個很快就死去了。

在麥德維加的人，動作比在基辛諾娃的還快。他們不浪費時間等待哈布斯堡皇家政府的許可，直接就把屍體挖出來。就跟普洛戈喬維茲的情況一樣，村民也發現保勒「身驅完整沒有腐壞，眼鼻口耳都流出鮮血，上衣、蓋布與棺材內有大量血跡，手腳上原先的指甲及皮膚都脫落了，但又長出新的」，弗理欽格在報告中寫道。於是，當村民看到保勒是個「真正的吸血鬼」，就用木椿貫穿他的心臟，保勒則「發出一道清晰可聞的嘆息，並流出大量鮮血」。為了安全起見，村民對也對保勒的四名受害者做了相同處置。

然而一切努力都是白費，因為保勒不只襲擊人類，也吸了牲畜的血。可是村民這次沒有用木樁打穿那些可憐牲畜死屍的心臟，而是拿去燒烤吃掉了。這頓大餐又使另外十七人開始心神不寧，儘管他們先前還生龍活虎，現在卻突然生起重病，而且不久後就都過世了。

當日下午，村民組成的委員會就前往墓地，把所有可疑的屍體都挖出來解剖，如此一直忙到深夜。弗理欽格在報告裡詳列了剖屍的結果；雖然他的筆調冷靜客觀，但字裡行間仍掩不住村民在那天夜裡所經歷的恐怖。他們掘出的屍體一共十五具，包括男人、女人與小孩，最老的有六十歲，最小的才八天大。當中只有五人可以讓醫生歸類為顯然死亡，因為屍體已有合理程度的腐爛。然而其他十人看起來完好無缺，儘管墓中跟他們並排下葬的其他屍體已經因分解或蟲噬而失去了很多肉。

「剖開身體後，胸腔裡有相當數量外滲的鮮血；心室旁的大血管，包括動脈與靜脈，不像尋常那樣滿是凝結的血液；肺、肝、胃、脾以及大小腸等所有內臟完全是新鮮的狀態，與健康之人無異。」這是弗理欽格關於史坦娜（Stana）的紀錄，那是一名兩個月前死於難產的年輕女性。「手腳上皮膚指甲皆脫落，露出彷彿活人的皮膚，以及全新的指甲。」弗理欽格沒有解釋，為什麼史坦娜既然已經懷孕，還要給自己抹上吸血鬼的血；然而他指出，她的小孩生下來即死亡，已經注定要變吸血鬼，可惜人們在埋葬他時太過草率。狗會馬上把這個新生兒從土裡刨出來，並把他的身體吃掉大半。

有幾位死者在墓裡顯然過得比生前還好。在解剖一名六十歲老婦人時，弗理欽格很訝異這名老太太身上累積了可觀的脂肪。然而在場的其他屯兵一致表示，「他們從年輕時就跟這個女人很熟」，但是她「生前看起來一直是個非常瘦削乾癟的人」。她屬於那種吸乾羊血後，還會拚命吃肉的吸血鬼。

即使按照今天的標準，這位奧匈帝國軍醫也算是不錯的法醫。他在二十歲的斯塔娜嘉・約維查（Stanacka Jowiza）的脖子上，發現「右耳下方有一塊約手指長的瘀血」，並提到她公公的敘述：不久前過世的二十五歲屯兵之子米爾羅（Milloe）在大半夜裡把她從睡夢中抓起來，並狠狠狂掐她脖子，所以她才殞命。軍醫也給這個案例註記典型的吸血鬼特徵：「全身血液如香膏一樣新鮮」，皮膚與指甲「彷彿才剛長出」。

在解剖調查後，那些已腐敗的、無辜的死者可以回到墓穴去。但是不死族則被「當地剽悍的村民」砍頭，連同身體一起焚燒，最後骨灰被倒進摩拉瓦河。「事件始末如上述。」弗理欽格如此結束他的報告。

這起發生在塞爾維亞的事件還能輕易用自動引發的集體歇斯底里來解釋嗎？當時的媒體

爭相報導這個故事，許多報紙刊登了上尉軍醫撰寫的報告。二十名以上的神學家、歷史學家、醫生與自然研究者，各自在著作裡嘗試解釋基辛諾娃與麥德維加發生的事件。甚至普魯士國王腓特烈．威廉一世（Friedrich Wilhelm I）也想知道真相，並委託在柏林的皇家學院完成一份評估報告。最後各方提出許多意見，只不過「吸血鬼究竟是否存在？」以及「如果有的話，他們是誰，或者是什麼東西？」這類問題總是沒人能給出滿意的回答。另一方面，一般人對於學者在書房裡想出來的種種理論也實在不感興趣。吸血鬼是他們一看到就能認出的東西，而且他們完全知道該怎麼做。在中歐與東歐的小村子裡，人們一直都是勇敢拿起鏟子與木樁來處理，最後把殘餘的屍體用火燒掉。

在撰寫本書的過程中，我們常被問到一個問題：那我們自己是否相信不死族？嗯，要怎麼說呢？剛開始寫這本書時，我們對不死族充滿好奇。我們找到一些還沒人綜合檢視過的考古發掘報告，以及關於不死族事件一定數量的歷史紀錄，來作為我們研究的出發點。此外還能找到多少材料呢？用科學方法能做出哪些適切的說明呢？隨著研究進展，好奇心很快變成一種追查的狂熱，因為我們找到的東西遠遠超過預期。我們研究這個主題越久，就有越多關於他們的訊息從各種角落冒出來。已出版的考掘報告與民間田野調查只是可見的冰山一角，我們很快就發現下面還有一座關於不死族的巨大冰山。

人類學研究、歷史紀錄，以及民族學分析所指出的圖像越來越清楚：在所有時代與所有文化裡，不死族所占的分量，都比我們先前猜測的還更重要。而且對不死族的探究並未結束。學界才剛開始不把他們當成迷信丟在一旁不聞不問，而是注意到他們是意義重大的歷史現象。有一個說法也許令人不快，但卻是需要習慣的事實：在人類歷史上絕大部分的時間裡，不死族的存在都是理所當然的。根據一個古老的民間傳說，「如果在每個遭謀殺者的墳墓上都點亮一根蠟燭，德國所有的墳場在夜間就會亮如白晝」。這句話也適用在不死族身上：如果我們在每一個可以懷疑有不死族的墳墓上點一根蠟燭，那麼所有墓園大概都會包圍在熊熊的火光裡。在我們之間竟然有如此大量的不死族，這確實讓人嚇了一跳。這超過我們原先的預料。雖然還沒有真正遇到，不過在後車廂最深的角落裡，比如三角警告標誌後面，隨時準備一把鏟子、一根木樁、一罐汽油，以及一個打火機，會有什麼壞處呢？當然啦，只是以防萬一。

chapter

1

中世紀與近代早期的生與死

Leben und Tod in Mittelalter und Früher Neuzeit

✠ 願望與需求：享有生前權利的屍體

西元三三七年五月二十二日，當弗拉維・瓦萊里烏斯・君士坦丁（Flavius Valerius Constantinus）、也就是著名的君士坦丁大帝過世時，羅馬帝國正面臨一個困局。由於他並未明確指定繼任者，他的三個兒子及姪子之間的血腥鬥爭眼看就要讓帝國四分五裂，而俐落又簡單的解決辦法，就是在繼任者的問題釐清之前，君士坦丁必須繼續留在皇位上。所以他在接下來的整個夏天，繼續當著皇帝，直到同年九月九日才終於下葬。君士坦丁被放在皇宮裡一張靈床上，人們仍舊當他是統治者，來訪者必須行晉見皇帝的禮儀。該撒利亞的優西比烏（Eusebius von Caesarea）在寫到君士坦丁的生平時，對這名死者執政的情景做了如下的描述：「這位有福者即使在死後也繼續統治；這在凡人之中絕無僅有……因為他生前曾以各種行為與事蹟敬拜上帝這位唯一的統治者，以及他抹油膏的兒子，沒有第二個皇帝像他如此虔誠，所以他有理由獲得這種待遇，而且至高無上的上帝也認可他的遺體有資格在人間施行統治。因為這樣一來，上帝能對所有並非鐵石心腸之人揭示，靈魂的統治是永不老去、也永不結束的。」這整件事之所以可能，是因為君士坦丁的遺體有別於一般羅馬皇帝的情況，它並沒有火化。

我們能在古典時代晚期，第一次如此清楚看到這種皇位繼承問題的處理方式，是因為一個與我們今天完全不同的認知：人死後也保有人格。因此他可以有效統治、決策，甚至可以為所做之事被追究責任。這種觀點，在整個中世紀與近代早期裡，不只決定了法律的制定，而且也形塑了社會的面貌。直到近期，人們對死者的觀點才有所不同，現在的死者不再具有人格，他的屍體只是一個物件。

如果人在死後仍然被視為具有人格，那麼常見的「他的愛跨越了死亡」這種說法，就有了全新的意義。根據傳說，在中世紀的葡萄牙，國王阿方索四世（Afonso IV.）因為政治理由，逼迫王儲佩德羅一世（Pedro I.）迎娶卡斯蒂利亞（Kastilien）的公主，但王儲卻愛上身為公主隨從的貴婦伊內絲・德・卡斯特羅（Inês de Castro），並與她生下三個小孩。阿方索四世無法忍受子嗣的這種行為，在一三五五年的一場公審後，派人謀殺了伊內絲，因此引發了父子間的流血內戰。五年後，已登上葡萄牙王位的佩德羅一世命人把墓中的伊內絲挖掘出來，替她穿上奢豪華美的加冕禮服，在一場於科英布拉（Coimbra）的大教堂進行的隆重典禮中，讓伊內絲坐在自己的寶座旁邊。所有朝臣都必須向她敬禮，還要親吻她早已腐爛的手背。

在中世紀的司法審判裡，死者仍然有特定的權利，也必須滿足一些義務。如果他的財產不足以執行他生前決定的葬禮，就算他已是死人也可以舉債支付，而且直到十六世紀，都還會成為債務清償官司的被告。所以法律行為能力絕非隨死亡而消滅。在德國中世紀最重要的法學書籍《薩克森法鑑》（*Sachsenspiegel*）裡，明確記載著：透過遞交一份「對死者的訴狀」，也能將已過世之人告上法院。如果被告遭判有罪，還可以對他的屍體執行刑罰。例如在宣判後，可以將小偷的屍體綁上絞刑架。在今天，這種「屍體如活人」的表述只剩一點影子在繼承法裡，因為死者的遺囑對後人仍具有約束力。這不只針對分配遺產，同樣也適用於處置遺體。死者對於可能的器官捐贈、大體捐贈或葬禮方式與地點所做的決定，不會因死亡而喪失效力。

在民俗研究裡，我們也看到其他把死人當活人看待的例證。直到二十世紀，德國許多地方的民眾在葬禮後的餐會或咖啡聚會上，都還是習慣為死者擺放一套餐具。這種人死後仍有吃喝需求的想法，同樣也在中世紀的「諾比斯旅店」（Nobiskrug）傳說裡表露無遺。「諾比斯旅店」是指死者在夜間聚集吃喝的旅館。在今天漢堡的纜車路（Reeperbahn）與路易絲—施羅德街（Louise-Schroeder-Straße）之間，還有一條名為「諾比斯門」（Nobistor）的街道。這個名字是紀念昔日的阿爾托納（Altona）城門，因為要去「漢堡山」上的漢堡郊區，即今日的聖保利區（St. Pauli），就會經過這裡。不過那時所謂的「城門」只是一個木造的出入口，僅為了標明漢堡的邊界，並不會阻斷交通。在這個城門前，曾有間旅館矗立在漢堡這側的邊界溝上，一份一五二六年的文件稱之為「諾比斯旅店」。後來在近代的文獻裡，諾比斯旅店成了「地獄」或「地獄大門」的同義詞。這個名稱的由來並不十分清楚。Krug在北德的意思是鄉下小旅館。在格林兄弟所編纂的《德語大辭典》（*Deutsches Wörterbuch*）裡，指稱這個名字的前半部nobis是來自拉丁文的abyssus（深淵、地獄），只是開頭加上了一個n。不過，nobis更可能來自隱語中的否定前綴nobis。照這個說法，來往民眾是用這種隱語來稱呼那間旅店，意思是大家最好從旁遠遠地繞過去。

不會隨著死亡告終的基本需求還有跳舞。詩人海涅（Heinrich Heine）在一篇談論四大元素精靈的散論裡，曾提到一則流傳於奧地利的古老斯拉夫傳說：「那是關於一些幽靈女舞者的傳說；她們在奧地利的版本裡稱為『薇莉』（Willi），是在婚禮前死去的新娘。這些可憐的年輕姑娘無法安靜躺在墳墓裡。在她們死去的心臟裡，在她們死去的雙腳中，一直殘留著生前無法滿足的舞蹈慾望，所以她們會在子夜時爬起來，彷彿部隊般集結在寬闊大街上。哪個年輕男子遇上她們，就倒大楣了！他必須與她們一同跳舞，她們則狂躁且不可控制地抱住他；他就這樣無止無休與她們一直跳下去，直到倒地死亡為止。這些薇莉身穿結婚禮服，頭戴花冠與飄揚的綵帶，閃閃發光的戒指在手指上，在月光下翩翩起舞，就跟精靈仙女一樣。她們的臉龐儘管像雪一樣白，卻仍然青春美麗；她們的笑聲是如此開朗又叫人毛骨悚然，如此罪惡又親切可愛，她們頷首時是如此神祕又淫蕩，如此充滿預示；這些死去的酒神狂女沒有人能夠拒絕。」

如果對世俗享受的渴望不隨死亡而停止的話，那麼對性的渴望就更無法熄滅了。西元九二二年阿拉伯使節伊本．法德蘭（ibn Fadlān）在他的旅行日記裡，詳細記載了伏爾加河河畔一名維京酋長的葬禮儀式；他們會準備一名女奴，好讓主人在彼岸能繼續享用。「所以，當上述那人死亡之後，他們就詢問他的那些女奴：『誰願意跟他一起死呢？』當中一位就回答：『我。』於是他們把她交給兩名女奴看管，不論她走到哪裡，她們都必須隨侍在旁，有時候甚至還為她洗腳。然後人們開始為死者縫製衣裳，並準備一切需要的事物。那女奴則鎮日喝酒歌唱，非常喜悅快活。」接著她就走訪其他酋長的帳篷，而那些酋長則與她性交，並且說：「請對妳的主人說，我是出於對妳的愛才這麼做。」但是最後她必須追隨主人到彼岸了：「然後有六個男人進到帳篷來，全都與她性交。之後她躺到主人遺體旁，讓兩個人抓住她的腳，兩個人抓住手，而一位被稱為死亡天使的老太婆用一個繩圈套住她的脖子，再把繩索遞給剩下兩個男人用手拉著，自己則踏前一步，用一把寬刃大刀刺入女奴肋骨間，再拔出來。那兩個男人則一直用繩套緊緊勒住她的脖子，直到她斷氣為止。」

西伯利亞西部屬於芬蘭—烏戈爾（finno-ugrisch）語族的尚特人（Chante）用另一種辦法來解決逝者性需求的問題。在下葬前，妻子每天仍得跟死者蓋同一條被子睡覺。然而，也有相反的案例：有時不是活人去滿足死者的性需求，死者也可以為了這個目的留在生者身邊。德國東海諸島的費馬恩島（Fehmarn）就流傳過這樣的習俗：從前那裡允許妻子在先生下葬前，繼續與死者保持親密關係。

然而活死人顯然不只關心物質肉體的滿足，也有精神方面的需求。早在中世紀早期，史家都爾的額我略（Gregor von Tours）就提過死人舉行禮拜儀式的事。活人如果闖入這種儀式，通常會發生危險。十一世紀的神學家彼得．達米安尼（Petrus Damiani）曾提到，有一位女士闖入這樣一場死人禮拜裡，在那裡遇到她已過世的教母。教母警告她要好好改進她的生活方式，因為她只剩一年可活。在冰島也有不死族舉行彌撒，如十二世紀的僧侶宮勞格．萊弗遜（Gunnlaug Leifsson）所記載，那裡甚至有一位老太太遭到一群死者群起攻擊，因為她干擾了死者的祈禱。

死亡作為生活的一部分：死作為恐懼與希望的來源

中世紀之所以如此不避諱死亡，是因為那個時代死亡無處不在。戰爭常常充滿滅絕人性的殘酷（在十字軍東征裡尤其如此）。就連較小的領地爭端，也能在當地居民中造成慘重的傷亡——一旦落到敵人手裡，人命極其卑微。但是不只人為的戰爭，瘟疫也會使人口大幅減少。有時候生者與死者之間的界線甚至難以辨認，如英國作家丹尼爾・狄福（Daniel Defoe）在描述一六六五年倫敦瘟疫時期的墓坑所說：「那些感染瘟疫的人，因為知道自己即將死去，也已經陷入譫妄，所以就裹著一條床單或地毯，急忙找一個墓坑整個人跳進去，如他們所說的那樣，把自己給埋了……我曾聽說，克里普門區（Cripplegate）的芬斯伯里（Finsbury）大墓坑就在田中央，完全是敞開的，因為當時還沒有被磚牆圍起來。那些人到了墓坑就往下跳，死在那裡，旁人都還來不及用土覆蓋；當掘墓人來埋葬其他人時，就看到這些人，這時他們雖已死去，但身體尚未冰冷。」

在這些悲慘的時代裡，英國人平均預期壽命只有四十歲。然而這只計算有活過童年時期的人。有一半以上的兒童活不到十四歲就夭折。女性由於頻繁生育，活不過四十歲的風險也比男性高很多。如果把兒童死亡率與難產死亡都算進來，女性此時的平均壽命只剩下二十四到二十五歲，男性也只有二十八到三十二歲。

在這樣的背景下，死亡有了不同的意義。誰知道彼岸的世界是什麼光景呢？如果當前飽受戰爭與瘟疫摧折的生活變得難以忍受，我們也就不難想像，人們會為了尋求解脫而渴望死亡。教會不遺餘力地用上天國得永生的承諾來吸引信眾，更加助長了這種解脫的渴望。生與死成了存在本身兩種如此不同的形態。不過，就像有好人與壞人，同樣也存在好的與壞的死人。而那些沒拿到天堂入場券就跨過生死門檻的人，你無論如何也得阻止他們返回生人的世界來。

✠ 死後的生命：《聖經》中的不死族與復活

在基督教裡，對死後生命的許諾占有重要的核心地位。整部《新約聖經》都是圍繞著耶穌的死亡與復活所構成。如果把信仰框架拿掉，剩下的只是一個令人感到不安的故事：有一個帶頭者在被敵人處決前不久，讓門徒吃自己的肉、喝自己的血（儘管血與肉是透過麵包與葡萄酒來代表，衝擊感有所緩和）。他接下來的死亡時間維持並不久，三天後他又行走在活人之間，只是身上明顯留下受到酷刑的痕跡。在離開他的追隨者之前，他承諾，有一天還會回來，而且最後會讓他們從死者中重新復活。把《聖經》的脈絡去除後，《新約聖經》的故事主軸讀起來就像陰慘的恐怖片情節。

然而《福音書》的作者並非憑空杜撰《新約聖經》的故事。他們在撰寫文本時，參考了當時通行於地中海東岸地區的希臘化信仰，並把這個脈絡下的一些元素與儀式行為，組合成一個新的架構[9]。比如戴奧尼索斯（Dionysios）是宙斯之子，卻被泰坦（Titan）族人肢解，埃及的俄西里斯（Osiris）是被他的兄弟賽特（Seth）殺害。波瑟芬妮（Persephone）已經住在陰間，但是可以重回陽世。阿提斯（Attis）的屍首沒有腐壞，而是永遠完好無缺。[10]

不過《新約聖經》的那些作者並不滿足於只是創造一個神學的上層架構，來讓神之子得以復活。在許多段落中，他們還添加了十分具體的死人復活故事。比如〈馬太福音〉九章十八至二十六節，有一名會堂主管跪求耶穌讓他的孩子復活：「我女兒剛才死了，求你去按手在他身上，他就必活了。」耶穌就起身跟著他去了。「耶穌到了管會堂的家裡，看見有吹手，又有許多人亂嚷，就說：『退去吧！這閨女不是死了，是睡著了。』他們就嗤笑他。眾人既被攆出，耶穌就進去，拉著閨女的手，閨女便起來了。於是這消息傳遍了那地方。」另外在〈路加福音〉七章十一至十五節也有一個耶穌讓寡婦獨子起死回生的故事。

然而，這兩起事件跟〈約翰福音〉十一章一至四十五節拉撒路令人心驚的復活故事比較起來，都顯得頗為無害。故事中，馬利亞與馬大姊妹兩人打發人去見耶穌，說她們的弟弟快病死了：「主啊，你所愛的人病了！」然而耶穌沒有立刻動身去救他，而是先逗留了兩天，然後才對門徒說：「我們再往猶太去吧！……我們的朋友拉撒路睡了，我去叫醒他。」一開始門徒不理解耶穌的意思，門徒說：「主啊，他若睡了，就必好了。」其實耶穌說這話是指拉撒路死了，他們卻以為他是指一般的睡眠。於是耶穌就明白告訴他們：「拉撒路死了。」然後我們才明白，為何耶穌沒有立刻去到拉撒路那裡。他要先讓拉撒路死去，才能再把他從死亡裡喚回來——「好叫你們相信。」當耶穌與門徒到了伯大尼，拉撒路已經在墳墓裡四天了。接下來這幾句話對整個基督信仰架構來說，是非常關鍵的對話，耶穌說：「你兄弟必然復活。」馬大

9 即《新約聖經》的世界。

10 戴奧尼索斯與俄西里斯都是天神之子，且遭到殺害，類似耶穌；波瑟芬妮已死卻能復活，類似耶穌復活與《新約》中的神蹟。作者認為《福音書》作者在撰述時，參考了這些神話框架。

說：「我知道在末日復活的時候，他必復活。」耶穌對他說：「復活在我，生命也在我。信我的人雖然死了，也必復活。凡活著信我的人必永遠不死。你信這話嗎？」馬大說：「主啊，是的。我信你是基督，是神的兒子，就是那要臨到世界的。」

眾人於是前往墳墓。不是所有人都像馬大那樣相信，不滿的情緒開始瀰漫，其中有人說：「他既然開了瞎子的眼睛，豈不能叫這人不死嗎？」接著耶穌叫人把石頭挪開。馬大提醒他，「主啊，他現在必是臭了，因為他死了已經四天了。」然而耶穌對她說：「我不是對你說過，你若信，就必看見神的榮耀嗎？」

耶穌就對著墓穴大聲呼喊：「拉撒路出來！」那死人就出來了，手腳裹著布，臉上包著手巾。耶穌對他們說：「解開，叫他走！」這個讓拉撒路從死裡復活的故事之所以如此有意思，有兩個原因。第一，因為在耶穌把他叫回來之前，他已經開始腐爛了。跟〈馬太福音〉與〈路加福音〉裡那兩個剛死的案例不同，拉撒路已經散發出惡臭——他已經深深跨入死人的國度。第二，耶穌的動機也很令人訝異。他有意讓拉撒路死去，只為了創造行神蹟的情境，好對不信他的或信仰動搖的人，展示他有召喚生死的能為。

在《新約》裡，不只耶穌能夠召回死人，他的門徒也能。在〈使徒行傳〉九章三十六至四十一節，彼得被叫去看一位病死的、名叫大比大的女徒；彼得去了之後，就把她從死裡喚回來了。保羅同樣也有這種能力，如〈使徒行傳〉二十章七至十二節所述（但是他首先要為少年的死負間接責任）：有次使徒保羅講道講太久，以致少年猶推古因為聽到睡著，從三樓窗口跌到地上摔死了。「保羅下去，伏在他身上，抱著他，說：『你們不要發慌，他的靈魂還在身上。』保羅又上去，擘餅，吃了，談論許久，直到天亮，這才走了。有人把那童子活活的領來，得的安慰不小。」

在〈啟示錄〉二十章十三至十四節，約翰對我們保證，末日審判那天，就是所有死去的人回來的時刻：「於是海交出其中的死人，死亡和陰間也交出其中的死人，他們都照各人所行的受審判。」這末日審判的背景是善與惡的末日大戰，也就是世界末日的啟示。這些構想也不是新的。早在波斯的拜火教裡，就有作為末日審判的善惡之間末世決戰的構想。又比如在巴比倫，作為審判者的神王維持著宇宙的秩序。在埃及，每名死者的心要用正義女神瑪特（Maat）的羽毛秤來秤過，以決定他進入彼岸的命運。無論如何，死亡從來不是結束。在基督教裡，就跟在其他許多宗教裡一樣，死亡只是路上的一個轉折而已。

✠ 計畫外的復活：《聖經》相關的不死族

根據中世紀的想像，死亡也只是開啟了一個漫長的安息階段。不過這個階段很容易受到驚動，任何時候都能中斷。在《聖經》裡出現的只有「好的」不死族，也就是耶穌或他的門徒所召喚回來，能與家人團聚的逝者。然而，如果死者的安息是意外受到驚動，會發生什麼事呢？

《舊約聖經．列王紀下》十三章二十至二十一節簡短提到一個意外喚醒死者的事件：「以利沙死了，人將他葬埋。到了新年，有一群摩押人犯境。有人正葬死人，忽然看見一群人，就把死人拋在以利沙的墳墓裡。一碰著以利沙的骸骨，死人就復活，站起來了。」被意外碰觸、並將遺骸喚醒的，是先知以利沙的骸骨。這個《聖經》段落常常為支持聖骨崇拜者所引用：聖人的遺體可以帶來神蹟。

聖骨崇拜是中世紀宗教生活的支柱之一。崇拜的標的物包括所有聖徒、甚或耶穌及其家族接觸過的物件，以及這些人的遺體一切可能的部分。於是教會就面對一個兩難：為了讓聖徒在末日審判時，能完整面對上帝，遺體必須儘可能完好無缺。但是為了創造更多聖骨，又必須把遺體拆開，以便把各個部分分送到許多遙遠的地方去。早在八世紀，教父大馬士革的聖約翰（Johannes von Damaskus）就試著解決這種兩難。他宣稱，聖徒不是一般的死者，而是神聖屬性的載體：「就像燒得通紅的鐵本身不是火，卻獲得了火的部分性質，聖徒也是這樣被神聖的生命所充滿。」所以聖徒在這個狀態下，儘管早已不生活在生者之間，卻可以透過身體最小的組成部分來實現奇蹟。但如果把聖骨崇拜的神學上層結構拿掉，就只會剩下一種極其古怪的儀式：信眾膜拜遺體的殘片，相信它不靠完整的身體就能有所作為。

然而在《聖經》周邊較廣的範圍裡，也有一些傳說是帶著相當陰慘的氣息。其中一個十分令人著迷的角色是莉莉絲這個人物。她僅在《聖經》裡出現過一次，在〈以賽亞書〉三十四章十四節：「曠野的走獸要和豺狼相遇，野山羊要與伴偶對叫，莉莉絲必在那裡棲身，自找安歇之處。」莉莉絲在古蘇美與古巴比倫傳統裡已經存在，是陰間的神明。然而在中世紀，特別是在猶太人的圈子裡，她取得了一個新的形象。這時她以亞當第一位妻子的身分出現。根據這個傳統，上帝平等地創造了亞當與莉莉絲。然而，當亞當試著讓她屈服於自己的意志時，莉莉絲就離開他了。所以上帝才又從亞當的肋骨裡造了夏娃，好讓亞當有一個順服的女性伴侶。從這個解放的莉莉絲形象裡，後來發展出一個與亞當的人類子孫為敵的存在，其後代——

即索命鬼與吸血鬼——將永遠折磨亞當與夏娃的子孫。隨著時間推移，這種形象的莉莉絲也成為許多當代吸血鬼故事裡的固定角色之一。

在教會的祝福下：中世紀日常生活中的不死族

既然圍繞著《聖經》有這麼多不死族，那麼當教會的日常生活裡也有不死族的身影時，我們也就不用覺得奇怪。即便民眾在面對死亡時，有些儀式與作法常常歷史悠久，甚至比基督教更為古老，但是教會對此大多毫無困難就能妥協。而既然教堂正前方的空間是埋葬死者的所在，所以異教的習慣與教會的想像在此也就常常彼此無縫融合。

一個例子是教堂受過獻禮的墓園土地。《聖經》裡並沒有提到任何墳墓土地由神職人員進行獻禮儀式的事。然而從很早以前開始，基督徒就形成了要在受過獻禮的土地裡埋葬死者的慣例。至於如果沒有這麼做會發生什麼事，則從來沒有明確的規定。不過許多地方都相信，在未經獻禮的土地安息的死者，實際上並無法安息。

這種只能葬在經過獻禮的土地的規定，在中世紀裡是如此受到重視，以至於行為舉止被認為違反基督教規範的人，就會禁止葬在教堂墓園裡。直到十七世紀，在《羅馬聖事禮典》（*Rituale Romanum*）裡列出的禁止名單仍長得嚇人：「教堂葬禮不得為下列人士享有：異教徒、猶太人、一切不信仰者、異端人士及其追隨者、反對基督信仰者、分裂教會者、公開受『大革出』[11]懲戒逐出教會者、受禁行聖事處分者、進入受禁行聖事處分地區（且禁令尚未解除）者、自殺者（包括出於絕望或衝動、但不包括由於精神錯亂自殺者）——除非在死前對自殺行為表示悔改、被確實發現全年未行一次告解者、未在復活節行聖餐儀式者、死前毫無悔改表示者、未受洗即死亡的兒童。如果上列情況中出現疑義，由教會裁判長解釋。」

最後關於未受洗即死亡的兒童這一點，是特別敏感的議題。因為在缺乏衛生與醫學知識不足的時代裡，胎兒死產或嬰兒出生不久即夭折的情況太過常見。然而，對於顯赫的家族來說，把小孩葬在未經獻禮的地方是無法接受的恥辱。在早期基督教的時代，已經有人想出簡單的解決辦法，就是對小孩做死後的洗禮。然而早在保羅的〈哥林多前書〉裡，就明白禁止這種作法。只不過人們還是堅持這麼做，因為直到九世紀的卡洛林王朝（Karolingerreich）為止，

11 *große Exkommunikation*，大革出指徹底革出教會，嚴重時包括禁止其與教會成員所有社交往來。相對的，小革出指暫停成員領聖體、參加禮拜、出任神職的權利。

這個禁令仍需要一再強調。到了卡洛林王朝末年，另一種辦法又漸漸興起：人們要麼把未受洗即死去的小孩直接埋在墓園外牆的腳下，也就是埋在受過獻禮與未受過獻禮的土地分界上；要麼把小孩埋在雨水從教堂屋頂上落地之處，這樣一來，這小小的遺體得以一直受到碰觸過教堂神聖建築的雨水滋潤，至少可以取得一種類似受洗的地位。

在中世紀晚期，又出現一個新現象，顯示了教會對於不死族的接受程度。有些地方成了朝聖地，可以讓死去的小孩短暫復活，只是時間很短，剛好夠讓小孩受洗。人們只需要把小孩的屍體送到朝聖地去，把屍體加熱，然後等待最小的動靜。光是在瑞士伯恩州上比倫（Oberbüren）的聖母教堂（Marienkirche）一地，到一四八六年為止，據統計就有兩千具這類小孩屍體被送過來。考古學家在調查該教堂墓地時，也發現了兩百六十具幼小的骸骨。所有這些行為都有一個共同點：他們都相信在死亡之後，生命是繼續下去的，不論那是什麼模樣。

至於這繼續下去的生命究竟是什麼樣態，各方的想像有很大的出入。在《聖經》裡，重返人間的死者在彼岸世界的旅途上，無論是身體或人格上，似乎都沒有發生改變。但是在民間流傳的說法裡，就有很不一樣的例子。我們將在下一章進一步闡明。

chapter

2

——點名不死族的種類

Beim Namen genannt —Arten von Untoten

今天當我們想到一個「吸血鬼」，會有一個清楚的圖像浮在眼前：他外表俊美，還有又長又利的尖牙。「喪屍」（Zombie）的情況也類似：我們會想像他骯髒發臭、動作不靈光。不過實際上，吸血鬼並沒有這麼清楚的界定方式。不死族彼此之間是如此不同，就像活人的世界一樣。一個不死族以何種形態出現，最主要取決於地方的想像，也就是取決於人們所經驗到的自家親屬的屍體、在漫長的冬夜裡一再講述的鄉間傳說，或者不久前某個路經當地酒館的陌生人繪聲繪影講述的故事。

關於不死族的傳說非常多，出現在地球上絕大多數的區域裡。光在德語區內就有上百個傳說彙編、數以千計以活死人為主角的傳說故事。一九三〇至一九三五年間，在德國範圍內為《德意志民俗研究地圖集》（*Atlas der deutschen Volkskunde*）所進行的問卷調查，結果同樣也非常豐富。大約兩萬名受訪者就復行者、索命鬼或驅鬼儀式提供了大量的例證，允許我們深入觀察這不過是八十年前仍普遍存在的對不死族的恐懼。

除了不死族的分類之外，也有個別元素經常以不同組合出現。所有不死族都有個共同之處：他們死亡的時間點不會是太久之前，而且在死後無法得到安息。通常鬧鬼的時期是有限的，人們遇到的不死族都是生前就認識的人。然而共同點也就到此為止了。雖然大多數不死族都造成損害，但也有一些只是想待在遺族與親人身邊，或者甚至給予他們協助。儘管絕大部分不死族的確都醜惡，也已經顯露腐爛跡象，但是俊美、溫柔、清新等，也都是在不死族故事中一再出現的屬性。他們常常具有人類的情緒與需求，比如飢餓、愛情與性慾，他們保有個別的特質，以及其在家族與法律上的地位。下面我們將探討在歷史與民俗材料裡，最常提到的不死族種類：復行者、撲背鬼[12]、索命鬼、吸血鬼以及騎馬的不死族。

在本書中，我們只侷限在繼續保有身體形態的不死族。當然也有一些僅僅是幽靈現象，比如四處漂浮的逝者幽魂、白衣女，或是敲打吵鬧的靈異現象。但是既然這些鬼魂沒有實質的身體，也就不可能成為考古調查的對象。不過，儘管我們在書裡無法探討這些，但我們仍不該忘記，在民俗研究裡，有形體的不死族與無形體的鬧鬼現象之間，常常無法畫出明確的界線。

12 Aufhocker，撲背鬼是德國民間信仰中的一種鬼，會在深夜從後方襲擊落單的人，跳上他的背，勒住（或咬破）他的脖子。攻擊脖子這個元素使這種鬼跟吸血鬼有些連繫。

復行者

不死族裡，最古老的形態大概就是復行者：一個從墳墓裡爬出來，回到活人之間的死人。這個類別包括吸血鬼、撲背鬼跟無頭騎士，我們將在下面討論。比如在十二與十三世紀的北歐神話裡，北歐人稱為屍鬼的復行者就是常見的主題，其文化史的根源可追溯到史前時代。在著名的冰島民間傳說〈彌爾卡的迪亞肯〉（Diakon von Myrká）裡我們就遇到一個。彌爾卡是冰島北部埃亞峽灣（Eyjafjördur）上的城市阿克雷里（Akureyri）附近的一個莊園。迪亞肯愛上住在峽灣對岸的古德倫（Gudrún）。在前去會見愛人的路上，峽灣的冰層被迪亞肯座騎的蹄踏破了，迪亞肯因此淹死在冰冷的海流裡。後來迪亞肯每天夜裡都離開他在墓園裡的墳墓，去折磨他的愛人，想把她帶回自己身邊。有一次在漆黑的夜裡，月亮從烏雲中露臉，古德倫見到迪亞肯後腦杓上有個地方頭髮已經脫落，露出一塊慘白的頭蓋骨在月光下發亮。迪亞肯呼喚著：

「月亮升上天，死者騎著馬，
妳看不到我後腦上的白骨。

古倫，古倫？」

他說不出愛人的名字古德倫，因為第一個音節 Gud- 在冰島文裡是上帝的意思。

一位基督教神父被請來協助做禱告，但毫無用處。最後彌爾卡的幾個農夫求助一名從北方來的巫師。他從地上挖起一塊大石頭，放在古德倫過夜的客房中央。次日半夜，當迪亞肯又出現時，巫師把他壓在大石頭下——直到今天他都安息在那裡。迪亞肯的故事裡，結合了好幾個復行者的標準元素。一個是身體已部分分解：他後腦杓已經露出顱骨；以及最後把迪亞肯鎮住的大石頭。兩者都是復行者傳說常見的要素。然而，這故事特別有趣的是，他完全不受基督教的驅鬼儀式影響；這同樣是一個常見的要素。神父對迪亞肯束手無策。唯有靠古老許多的異教巫師手段，才終於把復行者鎮在石頭底下。

✠ 撲背鬼

撲背鬼在低地德文裡稱為「跳上鬼」（Huckup），大多數情況下，是一種跳到受害者背上的不死族。這鬼會越來越重，有些例子的受害者最終是被壓死的。一七三六年，新教牧師喬治·威廉·維格納（Georg Wilhelm Wegner）以假名塔山德（Tharsander）發表《眾多荒謬見解與故事的發生地》（*Schau-Platz Vieler Ungereimten Meynungen und Erzehlungen*），第一卷就講述了一大群撲背鬼，都是發生在西里西亞（Schlesien）的小村霍琛布茲（Hozeploz）的鬼故事（順帶一提，奧飛·普思樂[13]童書裡著名的強盜就是根據這個小村命名的）：「在西里西亞一個名叫霍琛布茲的小村裡，據說那裡的人死後常常返回家人身邊，跟他們一起吃飯喝酒，甚至跟遺下的妻子行魚水之歡。如果他們從墳墓裡爬出來時，正好遇到途經這個村子的旅人，他們就會在後追趕，並跳到那些旅人背上。」

格林兄弟在《德國民間傳說》（*Deutsche Sagen*）裡也有一個女撲背鬼的故事，叫作〈肯德尼希的夜鬼〉（Nachtgeist zu Kendenich）：「在古老的騎士領地肯德尼希，一個距離萊茵河畔的科隆約兩小時路程的地方，有一個長滿蘆葦與赤楊樹叢的沼澤地。有名修女躲在那裡，每天傍晚時分，不論是誰從旁經過，她都會嘗試跳到那人背上。被她跳到背上的人，就必須扛著她，而她就整個晚上這樣驅趕著這個人，直到後者昏厥倒地為止。」

然而，在撲背鬼的形象裡，混雜著幾種不同的鬧鬼現象。在維格納與格林兄弟的版本裡，跳到攻擊對象身上的，確實是不死族。但是在西萊茵地區，跳起來攻擊的卻是**斯托普**（Stüpp），也就是狼人。他一開始只是一隻可愛的小狗，當路人經過交叉路口、墳墓，或者謀殺或自殺發生的地點，就跟在旁邊跳。但斯托普會越來越大隻，最後就跳到受害者的背上。路人每走一步，斯托普都會變重，使路人最後體力耗盡、喪失理智或者死亡。

不過，有時候撲背鬼的形象也可以是讓人喜歡與造福人類的。比如德國下薩克森邦（Niedersachsen）的縣城希爾德斯海姆（Hildesheim）的跳上鬼就是一名小矮人（Kobold），主要的襲擊對象是小偷。至少希爾德斯海姆城的行人徒步區南端，有個為他所立的紀念雕像是如此刻畫的：一名小矮人騎在一名偷蘋果的少年背上。基座上刻的銘文是對所有潛在小偷的警告：

「孩子蘋果你別拿走，
不然跳上鬼會逮到你，

13 Otfried Preußler, 1923~2013，德國當代著名童書作者。他有一系列暢銷童書是「大盜賊霍琛布茲」系列（Der Räuber Hotzenplotz）。

跳上鬼有千斤重，
懲罰竊賊不手軟。」

✠ 索命鬼

索命鬼跟吸血鬼的關係很接近。兩者都貪婪地吸乾受害者的生命。不過吸血鬼是積極離開墳墓去做這件事，而索命鬼是躺在安息之處，從這裡發出他害人的魔力。他還會吞噬自己的裹屍布、壽衣或自己的肉，藉此把他的親人或朋友的生命力吸走。早在一四八六年，道明會修士海因里希・克拉默（Heinrich Kramer）所寫的《女巫之槌》（*Malleus Maleficarum*）裡，我們就看到：「有一位我們的宗教裁判官找到一個地方，那裡由於死的人太多，幾乎荒蕪了。那邊的人傳說，有個女人被埋葬後，一點一點吞吃著她下葬時穿的壽衣，而且在她沒有把壽衣完全吃進肚子消化掉之前，那裡的瘟疫就不會停止。於是在開會決議後，議長跟首長就讓人把墳墓挖開，發現幾乎有一半的壽衣已經從嘴巴咽喉吞進肚子裡，並且消化了。議長看到這個情況，就激動地抽出長劍，把屍體的頭顱砍掉，丟出墳墓，之後瘟疫就突然停止了。」

克拉默這本書是為女巫迫害以及其殘酷手段辯護。因此，他在這個索命鬼的故事裡，也加入了女巫的作為：「於是在神的應許下，那女人對無辜者所行的罪孽遭到了懲罰。地方的上級對此有所隱瞞，因為被指派的宗教裁判法庭發現，那女人生前有很長一段時間都是預言者與女巫。」

在克拉默報導的這個索命鬼事件裡，與瘟疫的連結是索命鬼信仰典型的元素。瘟疫的傳播模式讓人以為，最早的死者接二連三把其他的犧牲者也帶走了。這並不令人訝異，因為當時對於細菌病毒等傳染病病原、對於致命疾病的傳染途徑仍一無所知。以至於常常發生這樣的情況：最早死於瘟疫的人，由於先前已經使家裡與周遭的人受到感染，事後就被懷疑是索命鬼。民俗學者托馬斯・薛爾曼（Thomas Schürmann）對中歐索命鬼信仰有深入研究，他從文獻材料裡找出為數可觀的證據，從中我們能清楚看到，近代早期的索命鬼紀錄跟瘟疫蔓延區域有很高的相關性。即便未納入統計的黑數很高，薛爾曼仍能確認，對索命鬼的恐懼在當時的德國境內非常普遍，其中西里西亞一定是特別嚴重的地方。

索命鬼信仰是一股比宗教裁判制度的女巫熱更強大的力量。一直到二十世紀，在最後一名女巫被燒死在火葬堆上很久很久之後，索命鬼事件仍然時有所聞。同時，教會也一再想辦法對付這種不死族。就連馬丁・路德也受到教區牧師喬治・羅勒爾（Georg Rörer）的請求，請他就這個現象表明見解。一五六六年，約翰・奧利法貝爾（Johannes Aurifaber）在一場宴會演說裡，提到路德對這個問題的看法：「有一位教區牧師喬治・羅勒爾寫信寄到維騰堡（Wittenberg）／說一名女人在村子裡死亡／在下葬後／她在墓裡吞吃自己／因此同村幾乎所有人都死了／現在他想請問馬丁博士／對此有何建議／路德說／這是魔鬼的欺騙與惡毒所致／若他們不信／則不為其所害／要知道那僅僅是／魔鬼的幽靈。但因為他們如此迷信／所以死去的人只會越來越多。而若人們知道事情本是如此／就不該把這些人如此褻瀆地丟進墳裡／而要說／魔鬼啃食之處／你已抹鹽／你騙不了我們。」[14]

索命鬼有幾個不同的亞種。其中之一是九殺鬼（Neuntöter）。會變成九殺鬼的，是剛生下來就有牙齒的人。這樣的人死後，會在很短的時間內，把其他九名親人帶進墳墓裡，而且自己不用離開墳墓。不過九殺鬼跟典型索命鬼的分界是模糊的，在有些地區似乎被當成同義詞來用。

北德的雙吸鬼（Dobbelsügger）就跟索命鬼有明顯的不同。跟九殺鬼一樣，雙吸鬼的命運也是在生命一開始時決定的：誰要是在斷奶後又重新開始吃奶，死後就是雙吸鬼。一六二二年，萊比錫一位文人約翰・普雷托里烏斯（Johannes Praetorius）描述一個傳到他耳中的這類案例：「如果一個小孩確確實實有兩段哺乳時期／日後他在墓中便無法腐敗；會在地底下躺好幾年毫無損壞／全身血液也都完整保存／……接下來會吃掉壽衣或裹屍布；他全部的友人將死亡殆盡／或遭受致命的損害；除非／有人用鏟子或鐵鍬把這樣一個食屍者的脖子砍斷……而我特別記得／我在薩克森（Sachsen）的哈勒（Halle）聽到的情形；因為據說當地已經出現好多次雙吸鬼：那裡的人現在會在所有墓中的死者脖子上加一個土圈，或者一塊圓形的泥炭／像一個領結或圍巾一樣／以防止死屍進行這類吞噬的行為。」民間傳說研究者約翰・喬治・葛雷斯（Johann Georg Grässe）在他《普魯士王國的民間傳說》（*Sagenbuch des Preußischen Staats*）一書裡，講到了文德蘭（Wendland）一地雙吸鬼的事。那裡的媽媽據說都非常小心，「深怕從自己的乳房上，給家人養出幼小的吸血鬼。」跟路德聽到的索命鬼一樣，文德蘭的雙吸鬼死後也會在墓中吸吮自己的肉體。「然後，」葛雷斯繼續寫道，「這個動作會透過一種共感現象，作用到他的親人身上，把他們全部的生命力吸乾，他們將變得蒼白、瘦削、無力，並在一年內就不得不

14 路德認為屍體啃食的現象只是魔鬼的惡意欺騙，實際上索命鬼根本不存在，那些死人並不會致人於死。如果人們知道真相，就不會因迷信而被嚇死。

追隨那雙吸鬼走進墳墓。」

✠ 吸血鬼

吸血鬼在今天常常有俊美、迷人、無法抗拒的性感等形容，這是比較晚近的文學發明，在電影中更是臻於完美。但是，從前的吸血鬼剛好相反，他們發臭、醜陋，而且野蠻。有別於其他種類的不死族，只有吸血鬼才嗜血。這也就決定了吸血鬼永遠都會造成傷害，想吸別人血的人，從來不是出於善意。

早在人類最古老的故事裡，死者就渴望喝血。那是荷馬的《奧德賽》（*Odyssee*），約當西元前八世紀晚期成書。奧德修斯下到冥界裡去尋訪死者，並用兩頭綿羊的血引他們過來。他想跟提瑞西阿斯（Teiresias）說話，但一大群亡魂很快就蜂擁而至，擠在牲羊流出的那攤血旁邊，急切想喝那「黑色的血」；奧德修斯必須用劍才能把他們趕開。當然，這還不是典型意義下的吸血鬼。比如他們不能自己離開冥界，也不具有形體。奧德修斯三度試圖擁抱也被這攤血引誘過來的亡母，三次雙手都落空。此外，亡魂也不要求人類的血，羊的血就能讓他們滿足。

但是其他元素，比如四處遊蕩，以及一般意義下的嗜血，就已經是鮮明的標誌。還有希臘神話裡的拉彌亞（Lamia）也是類似的存在；這些是有令人著迷美貌的嗜血女惡靈，特別以年輕男子為目標。中世紀的亞瑟王傳奇《繁花谷的丹尼爾》（*Daniel aus dem Blühenden Tale*）同樣取材自古希臘傳統。這部十三世紀由施特里克（Der Stricker）撰寫的作品，充滿了「沒有肚子」的怪物；它們暴虐地統治人類，並且以人血為食。

到了十二世紀時，真正以人血為食的不死族紀錄多了起來。在這個時期裡，這種不死族已經成了日常信仰中的固定組成部分，在由基督教主導的領域裡也不例外。在兩位英國的編年史作者紐柏格的威廉（William von Newburgh）與瓦爾特・馬普（Walter Map）的歷史作品中，羅列了多起吸血的復行者案例；我們將在第五章更詳細介紹。

民俗研究者威廉・曼哈特（Wilhelm Mannhardt）為我們留下一段非常嚇人的敘述，是與德國吸血鬼有關。他一八五九年發表在《德國神話與民俗學期刊》（*Zeitschrift für deutsche Mythologie und Sittenkunde*）的一篇論文〈關於吸血鬼現象〉（Über Vampyrismus），裡頭記錄了一個馮・沃爾斯拉格爾（von Wollschläger）先生的故事。這個故事甚至在今天都還能當做影片的藍本：

「在上世紀（即十八世紀）中葉的西普魯士，馮・沃爾斯拉格爾家族的一名成員過世了，然後許多親戚在沒有明確死因的情況下，出人意外的很快接二連三死去。有人說，他記得那死者的面容並未喪失紅潤的顏色，於是大家都在猜測，他應該是吸血鬼。家族於是召開了會議，並決議，因為約瑟夫．馮．沃爾斯拉格爾（Joseph von Wollschläger）最果決、最有膽量，所以就由他去砍掉過世的叔父的頭。約瑟夫在會議當時仍是一個年輕人，他日後於一八二〇年以鄉長的身分高壽過世。在伯恩哈特修會（Bernhardiner）雅可布多夫（Jacobsdorf）修道院的一位僧侶陪同下，約瑟夫進到修道院的墓室裡，來到死者下葬的地方，兩人手上各拿著一支蠟燭。他把棺材打開扶起屍體，以便讓它靠在棺材邊緣。屍體的頭因此向後仰倒，這自然的動作讓僧侶受到嚴重驚嚇，把蠟燭丟在地上，自己拔腿跑了。儘管約瑟夫被獨自留在墓室裡，他並未喪失冷靜，而是拿起帶來的斧頭，一口氣砍下叔父的頭顱，然而一股強大的血柱噴中了他，把僅有的蠟燭也弄熄了。他費了很大的力氣，才在完全漆黑下，用杯子接了一點血，並帶著杯子找回出口。接著，他生了一場非常嚴重的病，幾乎送了性命。那具頭顱位於雙腳之間的屍體，今天在馮．沃爾斯拉格爾家族位於雅可布多夫修道院的祖傳墓室、也就是中間那間墓室裡，仍然可以見到。」

砍頭是一種鎮住吸血鬼的尋常措施。不過這個案例有趣之處在於，約瑟夫的行動是按照

「以牙還牙」的原則進行的。為了不讓吸血鬼吸他的血，他自己反而喝了不死的叔父一杯血。在今天的文學小說裡，這麼做會變成吸血鬼。但是在約瑟夫的例子上，似乎反倒是阻止了鬧鬼。

今天的語言研究對於吸血鬼之名是從何而來的問題，還提不出令人滿意的解釋。在德語範圍內，這個名字最早出現在一七三二年的一本書裡：「關於新近在塞爾維亞出現的人血吸食者（或稱吸血鬼）的古怪與奇異的報告，由第一手消息報導，並附上歷史與哲學省思。」很可惜作者的身分不詳，流傳下來的只有他姓名的簡寫W. S. G. E.。不久後，這個指稱飲血的不死族名字vampire也在法文與英文裡通行了起來。這個名字我們幾乎能確定是從斯拉夫語區繼受過來的。在塞爾維亞的稱呼是vampir、lampir、lapir、upir以及upirina，在阿爾巴尼亞能見到的稱呼是vampir或dhampir，其中dham的意思是「牙齒」，pir的意思是「喝」。但是在白俄羅斯、烏克蘭以及斯洛伐克，後綴-pir的翻譯卻是「有翅膀的」；在那裡他們稱吸血鬼是upyr（烏克蘭）或upir（白俄羅斯與斯洛伐克）。在波蘭則叫upiór或wąpierz。

在羅馬尼亞，**瓦爾可拉克**（vârcolac）指一種跟月蝕有關聯且喝血的惡靈。一八三四年，亞歷山大・普希金（Alexander Puschkin）在一首同名詩作裡，首度把**武爾達拉克**（wurdalak）一詞引進了俄文裡。不久之後，阿列克謝・托爾斯泰[15]就寫下了〈武爾達拉克家族〉（Familie des Wurdalak）這篇短篇小說。故事中，一名七十多歲的老人督爾菲侯爵（Marquis d'Urfé）對「武爾達拉克」提出了定義：「也許我需要對您們解釋，各位女士，所謂武爾達拉克，如同斯拉夫各民族稱吸血鬼時所說的那樣，不外乎就是能從墳墓裡爬出來、以便吸食活人血的死屍。就這一點而言，他們的習性跟其他所有吸血鬼是一樣的。然而武爾達拉克還有另外一種習性，會使他們比一般吸血鬼可怕得多，那就是，各位女士，他們偏好吸血的對象是最親的家人，以及最好的朋友，而且這些人死了之後，也會變成吸血鬼。」

羅馬尼亞的死催戈也是一種吸血的不死族，主要的襲擊對象也是自己家人。二〇〇四年仍被親戚從墳墓挖出來的彼得・多馬傳說就是這樣的死催戈。這些不死族據說不只吸血，而且還會發出很大的噪音，相互毫不留情的打鬥，尤其在十一月三十日聖安德魯節的前夜。

希臘人害怕的吸血鬼叫作**符瑞可拉卡斯**[16]。在絕大多數的傳說裡，這種吸血者跟狼人關係很密切。有時候，一個人變成符瑞可拉卡斯是因為吃下的羊肉曾被狼人咬過；但有時候，符瑞可拉卡斯本身也呈現出狼人的特質，比如茂密的體毛或發出火光的眼睛。在希臘不同區域，符瑞可拉卡斯的特性與外觀可能有很大的變化。

✠騎馬的不死族——無頭騎士與鬼獵人

全歐洲都曾傳出無頭騎士鬧鬼事件。在愛爾蘭，**杜拉漢**[17]用人的脊椎骨做成鞭子來策馬前進。德國的無頭騎士甚至跟著移民行囊到了美國，直到今日都還在美國民間傳說中，以**沉睡谷的無頭騎士**（Headless Horseman of Sleey Hollow）形象繼續存在。「有些人說，無頭騎士是一名德國黑森（Hessen）地區的騎士鬼魂；在革命戰爭的一場不知名戰役中，整個頭遭一顆砲彈砸飛了，」美國作家華盛頓．歐文（Washington Irvin）在他一八二〇年問世的短篇故事裡寫道，「後來，鄉下人三不五時就看到他在昏黑的夜色裡，像乘風一樣騎著馬疾馳而過……鄉裡的人在壁爐前講起故事時，都稱這個幽靈為沉睡谷的無頭騎士。」

無頭騎士在德國也是一個常出現的角色，格林兄弟記載了其中一個版本。這起事件的時間有一個異常確切的紀錄：這位名叫漢斯．雅肯托菲爾（Hans Jagenteufel）的無頭騎士，根據格

15 Aleksey Tolstoy, 1817~1875，著名的俄國大文豪托爾斯泰的堂兄。
16 wrykólakas，現代希臘文為βρυκ λακα，意思就是吸血鬼。
17 dullahan，愛爾蘭文的無頭騎士。

林兄弟所載，是死於一五一四年。一百三十年後，有一名婦人在撿拾橡子時遇到他，「離一個名叫『失落之水』的地方不遠」。他騎在一匹灰馬上，披著灰色長袍，雖然他讓婦人頗受驚嚇，但卻沒有傷害她。九天後，婦人再度遇到這名騎士，這次騎士對她講述了自己的故事：「他的父親常常告誡他，對窮苦的人不能太苛刻，但他卻當成耳邊風，還縱情狂飲酗酒，做了太多壞事。因此他現在不得不成為受詛咒的幽魂，四處漂蕩。」

總而言之，騎馬的不死族是種很常出現的類型。除了無頭騎士之外，鬼獵人（Wilde Jagd）也是一種不死族主題，歐洲所有地區都有他們的蹤跡。在英國，成群騎馬的不死族疾馳劃過夜空，英文稱他們為 wild hunt；在斯堪地那維亞，他們的名字是 Odensjakt、Oskorei、Aaskereia 或 Åsgårdsrei；在法國，人們稱他們為 mesnie hellequin、chasse fantastique、chasse aérienne 或 chasse sauvage[18]。在瑞士稱為 Wüetisheer；義大利稱為 caccia selvaggia 或 caccia morta[19]。

在大多數傳說的版本裡，鬼獵人都是在聖誕節與一月六日主顯節之間的聖誕節節期裡出現。至於鬼獵人是否真的造成損害，或者只是令人不安，還是傳達某種告誡的訊息，每個地區的設想不盡相同。

大多數的獵人都因為嚴重或不幸的意外死於非命，並因此注定要永恆地打獵。北德關於獵人漢斯・馮・哈克爾貝格（Hans von Hackelberg）的傳說，就常常與鬼獵人有所連結。據民間傳說彙編者海因里希・普洛勒（Heinrich Pröhle）在他的《哈茨山民間傳說》（*Harzsagen*）裡所述，哈克爾貝格是布倫瑞克（Braunschweig）的狩獵長。據說有一次他在哈茨堡（Harzburg）舉辦一場大型狩獵活動，活動前一晚，他夢到一頭巨大的雄野豬想殺他。他認真看待這個警訊，因此沒有參加這次狩獵。當天傍晚，其他獵人真的帶了一隻很大的雄野豬回來。普洛勒寫道：「光這隻怪物的頭就重達三十四公斤。」看到這隻野獸已死，狩獵長感到很放心，就把牠的頭扶起來，大聲說：「你大概就是那隻想殺我的壞傢伙吧？但是遊戲結束了，你已經傷不了我。」這時他手一滑，豬頭摔下來，一支尖銳的獠牙輕微刮傷他的小腿肚。本來這不是嚴重的外傷，但卻造成嚴重的感染。哈克爾貝格想要去布倫瑞克，希望那邊的醫生能救治他。但是他只到了武爾佩洛德（Wülperode），傷勢就不允許他繼續前進了。傷口發展成毒瘡，要了這名狩獵長的性命。「死前他還許下心願，要一直打獵到末日審判時為止，」普洛勒寫道，「他的願望實現

18 法文，依序大約是「魔鬼騎兵隊」、「奇幻獵隊」、「凌空獵隊」、「鬼獵人」等。最後一個 chasse sauvage 約等於英文的 wild hunt，德文的 wilde Jagd，本書中譯為「鬼獵人」。

19 義大利文的「鬼獵人」與「亡靈獵隊」。

了，不只在法爾史坦山（Fallstein），而且在布倫瑞克所有區域，人們都常聽到獵狗的吠聲以及『嗨！吼！』的獵呼。」傳說，哈克爾貝格喜歡率領一票鬼獵人，在阿勒爾河（Aller）左側支流奧克河（Oker）河畔的上下游來回奔馳。

chapter

3

人怎麼變成吸血鬼的？

Wie wird man zum Vampir?

無論何時，沒有人是安全的。從出生的那刻起，直到棺材終於埋到土裡為止，這事都可能發生：只要稍有疏忽，每個人都可能變成不死族。那大多不是重大時刻，而是相對不起眼的違反常規。出生時皮膚上的一個胎記，或封棺時敲歪了一根釘子，都能把人變成不死族。然而，不同地區的想像頗有差異，各個時代也都不太一樣。在一個地方保證會變成不死族的預兆，在鄰近的地區可能就只是無關緊要的小事。總的來說，原因極其多樣。粗略看來，根據變異發生的時間點，可以區分成三個組別：出生前後、在世時候、和死亡時間點前後。所以這牽涉到在前工業社會裡，有些生命階段被認為具潛在危險性，因此有些因應的儀式就應運而生。

這產生一個令人不太舒服的問題：推算起來，德國的墓園裡，實際上到底躺著多少不死族？如果無關緊要的小事，例如出生時辰不利、一個沒有兌現的承諾，或者搞丟一根棺材釘就足以壞事，那麼過去有多少人死後注定要重新爬起來？每十人中有一人？每四人當中有一人？還是每兩個就有一個？

在關係緊密的社群生活裡，比如在村民之間，大家通常都對死者十分熟識。他們知道死者出生時是什麼模樣。他們知道他生前的習慣，知道他是否喝酒，是否愛騙人，是否背叛他的妻子。而且沒人能在葬禮過程中，不出絲毫的小差錯。當棺木放進墓穴時，在旁目送的人豈不是常有一種不安的情緒嗎？他們問過自己多少次，在重新爬出來之前，死者在墓裡能撐多久？

✠ 無從改變的命運：出生即是不死族

早在精子與卵子結合的剎那，風險就已經存在。因為如果兩者是在一個不幸的時間點上結合，那麼，所生的小孩就注定在生命終結後，變成不死族。所以巴爾幹半島的女性會避免在特定日子懷孕：例如四旬齋期[20]、耶穌受難日，以及復活節星期日。這些日子成為孕育新生命的風險日並非沒有原因。因為在受孕與生產之間，原則上有二六六天。如果在三月底、四月初懷孕，加上這些天數，那麼小孩子就有出生在聖誕節節期的危險。

從冬至到主顯節的這幾個夜晚，在許多文化裡，都認為是此世與其他世界的邊界特別交

20 復活節前四十天。

錯不明、自然法則不再適用的時間，鬼魂可以毫無阻礙地闖進我們的世界裡來胡鬧一翻。所以，比如鬼獵人就是在這段期間出現，晾衣繩也因為這個緣故絕不能拉太緊，否則馬背上的鬼獵人可能會被卡在繩上。甚至在晾衣繩上晾白色衣物都有危險，因為可能給鬼獵人偷去，並且在次年年底前，為失主縫成一套壽衣。另一方面，這十二個夜晚也被視為特別適合預言占卜。比如現今在德國仍流行的除夕鉛卜[21]，就是來自這種想像。

出生在這十二夜期間的風險很高。期間內不同的時點代表著不同的福與禍。如果一個小孩在日間出生，特別如果在星期六或甚至星期日，那麼，照傳統的說法，他就被賦予第二張臉，能與幽魂溝通，也能預見未來。人們認為具有這種稟賦的小孩特別適合與黑暗力量對抗。然而，如果在夜間出生，根據傳說，這樣的小孩就會被奉獻給黑暗世界，必須面對變成狼人或復行者的命運。

還有一些孩子同樣從一開始就與正常死亡無緣，那就是出生時是第七個同一性別的小孩，也就是家裡第七個兒子或第七個女兒。非婚生小孩的運氣也不好，如果他的父母本身也是私生子的話。但是，就算在安全時刻懷孕，手足沒有超過七個，父母有正式婚姻，這樣的小孩同樣在還沒離開母親肚子前，就已面臨危險。一八九八年，俄國民俗學者朱利安．亞沃爾斯基（Julian Jaworskij）在《民俗學協會期刊》（*Zeitschrift des Vereins für Volkskunde*）上，報導了一種烏克蘭的迷信：「如果在慶典隊伍進入教堂時，孕婦注視了主事的教士，生下的孩子就會變成吸血鬼。」

在胚胎發展過程裡，還有其他因素能讓小孩注定變成復行者。在這種小孩出生時，就會有警訊出現。如果小孩生來就有牙齒，會被認定為九殺者；據說，這樣的孩子在死後會快速帶走身邊九條性命。醫學稱這種現象為「胎生牙」（Dentes connati），名稱來自拉丁文的「牙齒」（dens）與「天生」（connatus）。通常這種乳牙沒有牙根，很快就會脫落。所以在恆齒長出來前，齒列中就會有缺口。初生兒有胎生牙的機率大約是萬分之一。有些帶牙齒出生的案例非常著名，像是法國的太陽王路易十四，以及暱稱為西西的奧匈帝國女皇伊莉莎白。不過他們是否被當時的人視為潛在的復行者，則沒有任何記載。

也有些地區判斷新生兒日後變成復行者的標準，是看他出生時皮膚是否有紅色印記，或有沒有類似尾巴的尾椎延長。有時候，光是出生時頭髮過多、全無頭髮或紅髮藍眼，就足以

21 指在十二月三十一日晚上把熔化的鉛倒進水裡，看鉛凝固的形狀來預測來年運氣。

招來懷疑。也有些徵兆依地區差異，可以詮釋為吉祥或凶惡。一個例子是所謂的「幸運胎膜」（Glückshaube），這是指有些新生兒誕生時，頭部仍然給胎膜包住，如同它的俗稱所表示的，這種情況大多被當作幸運的徵兆，能給這個孩子以及收藏這個胎膜的人帶來許多好運。例如，航海的水手會向產婆付高價換取一塊胎膜，因為據說胎膜能使人免於溺斃。查爾斯・狄更斯筆下的主人翁大衛・考柏菲爾德（David Copperfield）就是一個例子。他的胎膜在報紙廣告上求售，要價十五基尼[22]，只是沒人要買。但也有些地方的人們相信，頭頂著胎膜出生的代價非常高，這些人死後很可能要變不死族。

如果小孩出生時，都沒有可能變復行者的跡象，那麼直到受洗前的這段時間，就變得很關鍵。只有在受洗後，小孩才有在受過獻禮的土地裡安葬的資格。原因是沒有受洗就死去的小孩，是不能進入天國的。然而，地獄裡也沒有這些人的位置，因為他們還沒有機會犯下罪惡。所以，這些幼小的靈魂就注定要永恆地四處飄蕩，不得安息。在一些地區，人們會允許未受洗的小孩葬在教堂北側的土地裡。特別是嬰兒時就過世的孩子，會試著儘可能葬在教堂建築的牆腳下，好讓屋頂的滴水落在他們的墳上。一般認為教堂屋頂的滴水像教堂裡的聖水一樣，具有某種神聖性。如果每次下雨時，這種水都能沖刷小孩的屍骨，或許就能使他不致變成復行者。

艾費爾山（Eifel）北邊的迪倫（Düren）地區有個傳說，描述了這種未受洗即死去的小孩的命運。英國的馬恩島（Isle of Man）也有一個傳說與此類似。故事是某次在節慶的扮鬼遊行時，有個人看到隊伍最後面有個很小的孩子一直跌倒，很絕望地跟不上隊伍，就開口嘲笑：「怎麼了，小墩子？」這是土話，換成德文是指「小樹墩」，意思接近今天較通行的「矮冬瓜」。結果那孩子就停下腳步，高興得跳了起來，開始歡呼道：「我終於有個名字了，這跟受洗是一樣的！現在我要上天堂了！」

下一個關卡就是受洗。就連最小的失誤也能讓孩子日後變成不死族。首先，神父必須沒有口誤的正確說出困難的拉丁文公式語。他不能吞吞吐吐，不能發音錯誤，更絕對不能漏掉一個字。然而，母親與教父同樣肩負重大責任。彼得・克雷默（Peter Kremer）在他的《德古拉的堂兄弟》（*Draculas Vettern*）一書裡，講述了他叔公的故事：如果母親在受洗儀式裡「對英俊的神父心動」，或者如果「教父在儀式完成前動念想喝一點酒」，那就全都完了。如果在這種

22 Guinea，英國舊貨幣，等於二十一先令，約當今天一點零五英鎊。

情況下完成受洗，這類念頭能把男孩變成狼人，使女孩注定成為女巫或夢魘[23]。

✠ 走在正道的鋼索上：在世期間的危險

明確知道自己死後不得安息，該是一件多麼殘酷的事情。一八七四年，當羅馬尼亞的波洛拉喬瓦克侯爵（Fürst Borolajowac）感到自己離死期不遠時，心裡就是這樣的感覺。他之前就已經不得不逃離故鄉，因為他領地的居民認為他是吸血鬼。在巴黎流亡期間，他立了一個遺囑。他規定，在他死後，心臟必須被挖出來，好讓自己獲得安息。至於波洛拉喬瓦克侯爵何以如此確定這件事，則沒有流傳下來。可能的原因非常多。他在世時的任何一個階段都可能出了某種差錯。只要離開正道一步，這殘酷的命運就已注定。

有時候，就連還稱不上失足的小錯，就足以把一個人變成不死族。比如在某些地區，特定的職業群體就很可疑。鐵匠、伐木工、牧羊人與妓女都受到普遍的懷疑。還有糧商、磨坊主人與土地丈量人員，也特別可能成為復行者，因為生前如果藉由故意秤重或測量錯誤來詐欺，就屬於那種會讓死者不能安息的罪過。酒館老闆娘的欺騙也屬於這個類別。甚至挪動界標也會立刻決定一個人的命運。為了防止罪犯成為復行者，移動界標要以斷頭來懲罰，執行的方式還特別殘酷。一六四七年，希爾德斯海姆法庭在奧斯特城門（Ostertor）前做成的一份判決，就記載了這樣一種懲罰方式：「罪犯要被埋到界標石原本應在的位置上，而且要埋到脖子的高度，然後讓四匹發怒且難以控制的馬用犁把他的頭整個鏟除。」

哪些違法行為能讓一個人變復行者，民俗研究找到的名單是長長一串：做偽證、詐欺、放高利貸、搶劫、縱火、攔路強盜、冷血吝嗇、詛咒、揮霍家產、在安息日工作，以及在節日抽菸等，都屬此類，一般的無良行徑也包括在內。此外還有飲酒過量，如艾費爾山地區的人們所說：「這種人就是死了也會繼續喝。」在達爾馬提亞（Dalmatien），跟自己祖母一起睡覺也算。一切罪惡中，最嚴重的是謀殺，特別是謀殺小孩，這種行為不可避免會導致犯人死後無法安息。犯下宗罪的神職人員、被逐出教會者，以及改信者，都屬於有風險的族群。特別是在俄羅斯，人們相信，誰要是在世時反對俄國東正教，死後是要變成吸血鬼的。

然而，並不是所有造成復行者的事件都是自己的過錯。羅馬尼亞的人相信，生前會夢遊

23 德國民間信仰裡，在夜間出現、給人製造噩夢的女鬼怪。

的人，死後也會離開他的墳墓。《德國迷信大詞典》（*Handwörterbuch des deutschen Aberglaubens*）列舉了斯拉夫人擔心的一件事，雖然不牽涉死者從墳墓爬出來，但確實跟死後索命有關：他們相信，如果死者的左腳比右腳長，那他家裡會有一個女人接著死去。而如果死者的右腳長於左腳，那家裡就一定有個男人要跟著死。

一個特別有趣的案子，是一七三二年的阿諾德．保勒案例（見第一章），因為這個案子同時牽涉好幾個變成不死族的可能性，也比我們上面看過的案例更接近文獻上所描述的「服用吸血鬼之血」的情況。保勒自己「生前常向人透露，他……曾吃過那吸血鬼墳墓的一些土，也把那鬼的血抹在自己身上」。至於究竟是吃土還是抹血把保勒變成了吸血鬼，從上尉醫官弗理欽格的報告中看不出來。但是報告還提到另一個變吸血鬼的原因，保勒藉此間接又要了幾條性命，那就是：保勒殺死了幾隻羊，而麥德維加的居民中，凡是吃了那些羊肉的人，也都變吸血鬼了。儘管這種情況在民俗研究裡並不常見，但是看來跟吸血鬼的任何接觸，都具有一定的風險。

✠ 未竟之事的危險：死後無法安息

關於復行者的問題上，最凶險的生命階段，就是死亡。只有得到善終的人，才能指望死後安息。首先，一個人不能給自己的性命劃下休止符，自殺的人幾乎在所有地區都被認為是潛在的復行者。一般來說，只有不是突如其來的死亡，才算是善終。因為如果死亡突然來到，就像是把一個人的部分壽命偷走了，那麼死者就總是有無法安息的危險，而會覺得他在世上的時間根本還沒結束。任何種類的死亡意外或猝死，都算是惡劣的死法。若有人死在戰場上或海上，特別當他還是年輕人，那麼靈魂便無法安息。牽涉到女人的則是難產而死，或在產褥期間死亡。她會有雙重理由要返回人間：為了她自己過早結束的人生，以及為了照顧那可能仍存活的小孩。早在十一世紀，教會法學者暨主教沃爾姆斯的布爾查德（Burchard von Worms）就描述過，難產死亡的女人在下葬時，為了安全起見，一定要用木樁把身體釘穿。

在世時找不到婚姻對象的人，同樣也有變成復行者的風險。在保加利亞流傳這樣一種習俗，人們會讓未嫁娶即死去的人在事後與一名生者締結婚姻，但是，必要時跟一塊石頭或一棵樹結婚也可以，以便讓死者缺乏從墳墓爬回來的誘因。在整個歐洲，從十六世紀末到十九世紀，個別案例甚至直到二十世紀，人們在埋葬過世的未嫁少女時，會給她加上一頂壽冠。壽冠的模樣跟活人新娘結婚時頭上的花冠相同，意思是象徵一場與耶穌基督的婚禮。

一八六七年，路德維希・史特拉克讓（Ludwig Strackerjan）在他的《奧爾登堡公爵領地的迷信與傳說》（*Aberglaube und Sagen aus dem Herzogtum Oldenburg*）提到了許多案例，都牽涉到死人返回生者之間，以關切他未完成的事情。死於謀殺的人，就被他歸類在這種「在陽間仍有一定壽命沒有走完」的人。比如，他提到一個一八四二年在斯特呂克林根（Strücklingen）被追求者殺死的女孩。「發生謀殺案的當天傍晚，斯特呂克林根的教區牧師剛到拉姆斯洛（Ramsloh）拜訪回來，」史特拉克讓寫道，「他在柯爾克街（Kolkweg）上，突然看到一個渾身是血、手上抱著一個小孩的女人。當他從驚嚇中恢復過來時，那影子又消失了。在這同一時刻，那即將臨盆的不幸女孩，已經在克萊恩草坪（Kreienkamp）上，被誘騙她的人殺害了。」

有時候，未完成的事件也可以是平凡許多的小事。如同巴庫姆（Bakum）鎮發生的一起案例，關於兩名年老女士如何成為十分無害與和平的復行者：「今天哈莫（Hamer）森林所在的位置，從前是租給佃戶的哈莫田莊。最後，只剩兩名老太太還住在田莊裡，而她們已經應付不了田莊的工作了。領主於是解除了她們的租約，請她們搬到城堡旁一間小屋子居住。兩名老婦人請求領主讓她們再播種一次，之後她們就願意離開老家了。第二年，人們看到整塊地都撒上橡木種子。兩名老婦人每天都去巡視她們的苗圃，在那裡歌唱、懇求上帝降福給她們的橡木園。即便在兩人死後，她們的幽魂仍出現在那裡唱著歌。因為橡木長得非常好，周邊更多土地也種上了橡木，所以才形成了今天的哈莫森林。」

如果死者最後的願望遭到拒絕，就會特別危險，屆時他們會回來要求實現願望。史特拉克讓提到一個茨維遜安（Zwischenahn）小村的案例：一名女病人在臨死前表示，希望穿著生病期間同一件襯衣下葬。然而她死後，親人把她的襯衣收走了，讓她穿另一件入土。之後，那女人每晚都回來，站在收著那件襯衣的箱子前哭泣。直到某個晚上，親人把那件襯衣拿出來，放在箱子上，死者就發出笑聲把衣服拿走了，之後就再也沒有人見過她。

但是，死者要求之事也並非總是明顯可知。下一個來自韋斯特爾斯特德（Westerstede）縣城的案例就很有意思，因為當中有一位年輕的神職人員與死者溝通，想知道是什麼事情讓他苦惱。史特拉克讓寫道，已經有好幾位天主教神父束手無策，最後他們才找這位還非常年輕的同事來出主意。「當死者再度出現時，這位神父手臂下夾著一本《聖經》，用一根木杖在地上畫一個圓，並說：『到此為止，別再往前！』那復行者就站住了。『你想做什麼呢？』神父問那不死族，對方回答說：『他們答應給我一件壽衣，後來卻沒給。』神父讓人飛快把壽衣送過來。那鬼魂猛力伸手去抓，抓破了一個衣角，隨即就消失了。過了很久，人們還一直保存著那件缺了衣角的壽衣，」史特拉克讓的報告寫道，「但是沒人能把新的衣角縫上去，因為一縫好總是立刻又掉下來。」

除了未兌現的承諾，未履行的誓願也是造成復行者的原因。史特拉克讓提到，誰要是在生前很小氣且吝於救濟，那他死後有可能回來找親戚，要求他們把捨給窮人的錢都給他。

但是，死後是上天堂還是注定不得安息，也並非完全由死亡當時的事態來決定。在遺體下葬前的這段時間，一樣也可以非常危險。能出差錯的事情太多了，不同地方的禁忌習慣也各有差異。在沙特蘭（Saterland），你絕對不能忘記把製作棺材時刨下的木屑，或是縫製壽衣時用的針頭，一起放到棺材裡。在斯托爾漢姆（Stollhamm）則必須注意，遺體從家裡抬出去之後，一定要撲滅壁爐的火。還有一點在所有地方都一樣，遺體當然不可以被搶走，也不能對遺骸開玩笑或惡作劇。

還有一種信念也很常見，就是屍體上不可以有動物跳過或有鳥飛越；還沒封起來的墓穴也適用這個規定。屍體不得被弄溼，無論是雨水還是遺族的眼淚。死者的眼睛與嘴巴無論如何必須闔上，必要時，很多地方的人還會用針線做點補強。如果在葬禮餐會上打破碗盤；葬禮當天讓神父在房屋前空等；棺材沒放穩；前往墓園途中抬棺架有搖晃；有抬棺者回頭看；封棺時敲歪了一根釘子；棺蓋不能密合；有親戚被棺蓋撞到；有一角壽衣從棺材露出來；送葬的隊伍在行進中或在圍繞墓穴站著時，出現缺口；墳頭在追悼儀式中向一方塌陷，以上一切都有讓死者成為復行者的危險。星期日是特別棘手的。在主日這一天，不得有打開的墓穴，也不可以安放靈柩，沒有人可以在這一天下葬。

塞爾維亞曾流傳一種習俗：流星落地之處，絕不可埋葬死者；如果埋了，死者還會回來。有一種迷信在部分地區甚至一直保留到今天：墳墓上的花不可以摘，更不能丟棄。不然的話，花落在哪裡，哪裡就要鬧鬼。

✠ 數學與吸血鬼：文學與自然科學裡的不死族

她輕聲呻吟著，頭擺向一邊，對他露出有著柔細皮膚的咽喉。表皮下的頸動脈正隨心跳搏動，充滿著生命，至少到目前為止是如此。他用嘴唇在皮膚上盲目搜索，感受著湧流血液的吸引，猶如生鐵遇到磁鐵一般。當舌尖觸及起伏的脈搏，他便一把抓緊她濃密的頭髮。現在沒有任何事能阻止他了。他把尖利的長牙扎進她柔順的皮膚裡，開始貪婪地吸吮。直到她的脈搏只剩下孱弱的抽搐，最後完全靜止時，他才漸漸鬆開擁抱。他溫柔地看著她蒼白的臉龐，輕撫從她盜汗的額頭上垂下的一綹溼透髮絲。事情已經完成了。一個新的吸血鬼已經誕生。

在我們今天的想像中，吸血鬼大概就是這樣變成的，只要咬一口，吸一次血就夠了。藉由這致命的一吻，吸血鬼的本質與本性就進入受害者身體，而受害者從此注定要帶著永恆的飢渴，在黑暗中生活。然而，這個程序是恐怖小說發明出來的。直到進入紙上文學，吸血鬼才成為有高度性魅力的存在，能透過忘我吸血的親密行為，來把更多受害者抓到黑暗世界裡。

但是中佛羅里達大學（University of Central Florida）的物理學家科斯塔斯・埃夫希米烏（Costas Efthimiou）已經指出，這個辦法是無法運作的。在一篇與學生索翰・甘地（Sohang Gandhi）共同發表的文章〈電影虛構與物理現實——幽靈、吸血鬼與喪屍〉（Cinema Fiction vs Physics Reality—Ghosts, Vampires and Zombies）裡，他把這件事從頭到尾計算了一次。埃夫希米烏說，讓我們假設，一隻吸血鬼一個月只需要吃一餐就足夠。那麼每隻吸血鬼每個月會創造一隻新的吸血鬼。所以，每一隻新的吸血鬼都會讓吸血鬼人口數加一，但是讓人類人口減一。埃夫希米烏讓他的計算實驗從一六〇〇年一月一日開始。根據美國人口普查局的數字，在這個時間點上，世界人口是五億三千六百萬人，誤差值為一千七百萬人。為了計算容易起見，埃夫希米烏把這個數字簡化為536,870,911。

假設在一六〇〇年一月一日，世界上有一隻吸血鬼，以及536,870,911名人類。如果數字要很精確的話，出生率與死亡率也應該計算進來，但在這個案例裡並不重要。接下來，二月一日時，世界上有1+1=2隻吸血鬼，以及536,870,911-1=536,870,910名人類。一開始發生的變動很小，過了年初這段時間，人類還是安全的。三月一日時，有四隻吸血鬼及536,870,911-3=536,870,908名人類，然後四月一日有八隻吸血鬼與536,870,911-7=536,870,904名人類。

吸血鬼人口慢慢增加了。在n個月之後，吸血鬼的數量上升到2的n次方。相對的，人類人口數減少到536,870,911-2n+1。一六〇〇年聖誕節時，情況就慢慢開始讓人不太舒服。這時已有2048隻吸血鬼在大地上漫遊，而人類數量縮水到536,868,864人。一年後，在一六〇一年的聖誕節，局勢變得相當緊張了。8,388,608隻飢餓的吸血鬼到處在找尋食物。儘管還是剩下528,482,304名人類，但世界上有些區域的人已經被吸到一個都不剩了。這時一切都進展非常快。在一六〇二年六月一日，僅僅在世界上出現第一隻吸血鬼的兩年半後，已經有536,870,912隻吸血鬼住在我們這個星球上。只不過他們不得不悲慘地餓死，因為這時地球上一個人都不剩，他們已經沒有血可以喝了。

我們在這一章已經見到，在人們的觀感中，死後不得安息這種危險是多麼無所不在。相對的，不死族在傳奇與傳說故事中也出現得相當頻繁。在民間於聖誕節節期中一再講述的鬧鬼故事裡，不死族一直是固定成員。所以關於不死族的知識，以及對付他們的辦法，就這樣一代一代傳下來了。

chapter

4

恐怖的描繪——中世紀文獻與圖像材料中的不死族

Darstellung des Grauens —Der Untote in den Schriftund Bildquellen des Mittelalters

「像赫爾一樣黑，像公牛一樣腫」：冰島傳說中的屍鬼

中世紀早期在冰島墾荒屯居絕對不是容易的事。氣候正好是溫和宜人的相反，土地也不是你特別想稱為肥沃的那一種，再加上還有不死族的問題給移居者的生活帶來額外困擾。冰島人的傳說裡，充滿了屍鬼：這些人生前就以反社會行為、犯罪能量或純粹惡毒而聲名狼藉，死後就成了打不退的復行者。

其中一個是索羅爾夫．莫斯特拉克格（Thorolf Mostrakegg，冰島文為Þórólfur Mostraskegg）；他是十世紀末葉在海爾加火山（Helgafell）附近斯奈山（Snæfell）地區的早期墾殖者之一。至於是否真的曾經有過索羅爾夫這個人，我們無法深究。不過至少在《艾爾人傳說》（*Eyrbyggja saga*）中，他的形象特徵具有很高的歷史真實性。索羅爾夫生於挪威，是漁夫歐爾諾夫（Örnólfr）之子。他奇佳無比的酒量很快就給他帶來莫斯特拉克格（Mostraskegg）這個別名，大意是「發酵酒大鬍子」（Mostbart）。當時的挪威國王哈拉爾德．申哈爾（Harald Schönhaar）正積極進犯主要居住在挪威較北地區的那些酋長，要讓他們俯首稱臣。沒多久，性情暴烈的索羅爾夫就不得不離開家鄉。於是他聚集了一群朋友，一起動身前往冰島。

不過，索羅爾夫很快就在新的家鄉跟所有人起衝突。他跟戈登・斯諾里（Goden Snorri）為一塊森林地發生爭端，還著手謀害鄰居烏爾法（Úlfarr），而且因為極其粗魯，跟自己兒子亞恩克爾（Arnkel）也鬧翻了。無論如何，這種凶狠無良的作風使他注定要成為復行者。西元九一八年，當索羅爾夫死亡，被人送回家裡時，亞恩克爾採取了必要的預防措施：「亞恩克爾按住父親的肩膀，但是他注意到，他得費勁全身力氣才能讓父親躺倒。接著，他用一塊布把父親的頭裹起來，並按古老的習俗進行儀式。然後，亞恩克爾讓人把屍體後方的牆打一個洞，再從洞裡把屍體送出去。洞外，他準備好一具綁了公牛的雪橇，索羅爾夫就被放在雪橇上。他們拉著他一路往上，直到托拉赫山谷（Thorachtal）為止。大家又耗費了極大的力氣，才終於把索羅爾夫搬到預定安息的所在，並在他身上堆了大量的土。」那遮住眼睛的布，是為了保護活人不被他凶惡的眼睛直視；牆上的洞是為了讓死者迷惑，好讓他找不到進入房子的路；而埋葬地點選在非常偏遠的托拉赫山谷，則是為了讓他跟活人保持足夠的距離。

但這一切都是徒勞。夏天結束時，越來越多跡象顯示，索羅爾夫沒有安靜躺在他的墳墓裡。在鄰近地區，誰要是在太陽下山之後還留在外面，就會遭他襲擊；而牲畜如果不小心太靠近他的墓塚，就會舉止狂野並開始嚎叫，直到斃命為止。最後，他開始造成人命的傷亡，第一個犧牲的是牧羊人華姆爾（Hvammr）。某天早晨他被發現已經死去：「他全身像炭一樣黑，兩腳都被折斷。」

到了冬天時，事情變得更糟了：索羅爾夫常常出現在居民家裡，「特別是折磨家庭主婦。儘管他也騷擾許多男性成員，但是那主婦幾乎被他逼瘋了，最後也由於百般侵害而死去。人們把她送到托拉赫山谷，葬在索羅爾夫旁邊」。不久墓塚鄰近地區的人口開始凋零，或者可以說被索羅爾夫召集的不死族占據了：「索羅爾夫的肆虐如此嚴重，以至於一些人被他殺死，另一些人被他趕走，可是人們後來發現，所有死去的人都聚到索羅爾夫身邊去了。」

最後，那些僅剩的農夫來請求亞恩克爾的協助。亞恩克爾就前往父親墳墓，把他從土裡掘出來，看到他確實並未腐爛，而且外觀上強烈呈現「特別凶惡的模樣」。亞恩克爾換了一個地點來埋葬父親，搬運過程極其困難，因為屍體重得超乎尋常。他用一道牆把新墳墓圍起來，「那麼高的牆，只有鳥才飛得過去」。這個鎮鬼的辦法生效了，至少亞恩克爾在世時是如此。

《艾爾人傳說》進展到第六十三章時，亞恩克爾已經過世，索羅爾夫卻回來了，且凶惡不下於從前。他肆虐了博爾斯塔（Bólstaðr）農家，將人與牲畜都殺死。接著，他繼續前往隔壁的烏爾法菲爾（Úlfarfell）酒館，在那裡造成了「重大禍害」。最後，整個莊園的承租人索羅德，索爾布蘭德森（Þóroddr Þorbrandsson）出來處理這件事，他把索羅爾夫重新挖了出來。「他還是一直沒有腐爛，看上去就像一隻邪惡的妖魔。他呈現黑藍色，跟赫爾[24]一樣」，《艾爾人傳說》如此記載。而且他比先前更重了。索羅德跟他的助手耗費了極大的力氣，才把索羅爾夫運到海邊。他們在那裡焚燒了屍體，把最後的骨灰（那骨灰連風都吹不動）撒進了海裡。

在《格列提爾·亞斯孟達爾森傳說》（*Grettis saga Ásmundarsonar*）裡，有個叫格拉姆（Glámr）的屍鬼的故事特別有趣，因為情節明顯受到基督教的影響。故事發生在農夫索哈爾·格林姆森（Þórhallr Grímsson）的農莊上。農莊鬧鬼太嚴重了，讓他連一個牧羊人都找不到。宣法人[25]斯卡普提·索羅德森（Skapti Þóroddsson）給他介紹了格拉姆，「是個去年夏天來到冰島的瑞典人，身材高大強壯，但很少人喜歡他」。格拉姆確實是個怪人，他對未來的主人如此警告：「只有在一個條件下我才願意為你工作，那就是我可以照我的方式來做。因為我不高興的時候，很少有人能應付得了我。」由於索哈爾非常需要請一個牧羊人，就表示願意讓格拉姆試試看，只要農莊裡鬧鬼的事不會把他嚇跑的話。格拉姆的回答很怪異：「這些怪物對我是沒有影響的，

24 Hel，也譯成海拉，北歐神話裡的冥界女神。

25 Gesetzessprecher，古代冰島社會的一個官職，工作是每年負責將三分之一的法律誦讀給所有人聽，任期三年。

看到鬼怪我會很愉快。」

冬天開始時，格拉姆開始他的新工作，但是很快就與人發生爭吵。這牧羊人顯得「不信神、自私、不友善；所有人都厭惡他」。特別是他拒絕踏進鄰近的教堂一步，不參加任何教堂禮拜。聖誕夜那一天，情況特別糟：農夫的太太要求他遵守齋戒習俗，但他卻嘲笑基督教是迷信，執意要求他的中餐。整體來說，他更喜歡古代的異教習俗。索哈爾的太太順從了他的要求，但是不忘記警告他，違反齋戒的慣例是要遭到大禍害的。

當農莊的人到教堂參加聖誕禮拜時，格拉姆踩著雪出門去看他的羊。農夫太太的預言真的應驗了，因為到了入夜時，格拉姆沒有回來。人們在次日早晨找到他的屍體，「黑得像赫爾，腫得像頭公牛」。雪地上巨大的腳印與一大攤血，顯示曾發生劇烈搏鬥。他們推斷，有個凶惡的鬼把格拉姆殺死了。大家想把格拉姆搬回教堂裡安放，但是就跟生前請他進教堂一樣困難。又過了一天，還是無法把格拉姆往教堂方向移動分毫，屍體實在太重了。到了第三天，人們終於試著請一位教士過來，但整件事情更糟了：這時連死者的屍體都找不到了。直到教士表示放棄並返回之後，大夥才找到屍體，並把他埋在巨大的石堆之下。

但是石堆顯然擋不住。格拉姆很快就開始折磨附近的居民：「許多人一看到他就失去意識，另一些人則是喪失理智。」索哈爾不得不在冬季期間離開他的農莊。等到次年春天，鬼襲事件緩和了，農夫才又回來。但也只是暫時的，因為到了冬天，一切又重新上演，甚至比先前更嚴重。最後，所有人都離開索哈爾農莊：「所有留在那裡的牲畜都給格拉姆殺死了。之後，他沿著整座山谷前進，摧毀了通加（Tunga）以北的全部莊園。」所有想要阻止他肆虐的嘗試都沒能成功。最後「看起來，如果再找不到辦法來終結這個怪物，整座瓦茨達拉（Vatnsdalr）山谷都要變成蠻荒了」。

這時出現的救星，就是標題中的主人翁，格列提爾．亞斯孟達爾森。他找到索哈爾農莊的農夫，受到他們友善的接待，儘管也得到不少警告。索哈爾與格列提爾回到農莊，第一天晚上還很平靜。但是過了第二夜，索哈爾與格列提爾看到馬廄的門遭到破壞，訪客的馬死在門前，骨頭都被打碎了。可是格列提爾不但沒有逃跑，反而覺得更有理由在索哈爾農莊再住一晚。

接下來發生的事，可以輕易與今天任何一部恐怖片一較長短。格列提爾把「高得嚇人又粗暴的」格拉姆引誘到屋子裡來，兩人發生劇烈的格鬥。屋內不只家具破裂，連部分屋頂也被打壞了。當格列提爾成功把這不死族拉扯到屋外，才終於短暫制伏了對手。可是，這時一朵方才遮住月亮的烏雲散開了，黑夜一時亮了起來。格列提爾趁機好好看了這怪物一眼，他原本應該避免這麼做的。他突然全身感到筋疲力竭，甚至虛弱到連武器都拿不動，而且在黯淡的月光下，格拉姆還對格列提爾下了一個詛咒：「……從現在起，你的命運就是流亡與殺人，而且你做的絕大部分事情，都將變成你的不幸與厄運。你將失去法律保護，任人宰割，注定永遠孤獨居留在異邦。我詛咒你，你的眼前將永遠看到我現在這雙眼睛；你將再也無法感到自己是單獨一人，而這大概會使你走向死亡。」

話還沒說完，我們的英雄就重新找到力量，拿起劍來把復行者的頭砍下來。這時索哈爾也才敢從受損嚴重的房子（剛才打鬥時他躲藏的地方）走出來。他跟格列提爾一起執行了徹底消滅不死族的工作：「他們動手用木炭把格拉姆的屍體燒毀，然後把他的骨灰裝進袋子，埋在最少人放羊與路經的地方。」

在冰島傳說中，還有許多類似的案例，索羅爾夫與格拉姆只是其中兩起。所有案例的表現都有相似之處：皮膚呈黑色，軀體腫脹，屍身非常重，即便能搬動也要費極大的力氣。有些能用變成一股煙的方式離開墳墓，有些則具有游過岩石的能力。他們能變成的動物，包括海狗、剝了皮的公牛、背脊折斷無耳無尾的灰馬，或者變成一隻貓。遇到這種屍鬼，在大多數情形下，結果都很可怕。許多受害者，特別是牲畜，會陷入瘋狂，而且最後因此死亡。但是，也有些屍鬼會吃受害者的肉，或喝他們的血。他們能預言未來，能進入人的夢境，或者像格拉姆的案例那樣，對受害者施加詛咒。

武器對屍鬼通常無效。用鐵鑄的刀劍雖然能使他們受傷，但是真正制伏他們只能靠雙手。鎮鬼的手段能把他們限制在墳墓裡一段時間，比如用一堵高牆或一座石堆。但是這種措施大多只是暫時有效，真正要毀滅他們，必須將他們焚毀，再把灰燼撒散，最好是撒到海裡。一個地區出現的第一隻屍鬼，大多是生前曾用粗魯與無良方式對待周遭親友的人。然而，第一隻屍鬼能接著創造更多不死族，有時能在自己身邊聚集一大群。屍鬼的形象今天仍繼續存在於斯堪地那維亞的文學傳統裡。這個字被用於指稱任何形態的復行者；在托爾金《魔戒》的新挪威文翻譯裡，無論是戒靈或登哈洛的亡靈，都是用 draugr（本書譯為屍鬼）一詞來翻譯的。

✠ 情人騎士與誘人美女：中世紀與近代早期的不死族故事與紀錄

作為不死族，屍鬼也出現在英國的文獻裡，時間比在斯堪地那維亞稍晚。沃爾特．馬普

（Walter Map）是英格蘭國王亨利二世皇宮內一名來自威爾斯的學者，在他的《侍臣瑣記》（*De Nugis Curialium*）（1181-1193）裡，提到一名騎士求助於赫里福德的主教。一名「來自威爾斯的壞人」死在他的家裡，現在在那裡作亂了。半夜他會呼叫住在房子裡的人的名字，這些人就開始生病，並在三天之內過世。主教建議騎士把那壞人的屍體砍頭，並用聖水潑灑。但是這個辦法沒有效。那個不死族甚至開始呼叫騎士本人的名字了，於是騎士果斷用劍把這名邪惡威爾斯人的頭劈成兩半，從頭頂一路劈到頸子。鬧鬼事件便結束了，家裡恢復了平靜。

沃爾特・馬普還提到另一種完全不同的復行者：一名布列塔尼騎士失去了妻子，而且「在她死去很久後，仍然為她痛哭不已，直到某個晚上在一個偏遠的山谷裡，他在一大群女人當中看見了她」。他第一個反應是嚇壞了。這位老實的丈夫「不敢相信他的眼睛，並問自己，他是不是掉進一個命運的遊戲裡」。他繼而想起妻子總是帶給他的快樂，所以就「下定決心，要把她帶回去，以便與重新找回的妻子繼續共度快樂的生活，如果他這時親眼所見的確實為真，不是某種靈異現象欺騙了他的話；另外，也為了不因此刻的毫無行動，而在事後譴責自己的懦弱膽小」。他的計畫成功了。他們繼續幸福滿足地過了許多年。更甚者，他與她還生了小孩，這些人的後代今天仍以「死者之子」為人所知。「要不是有明確跡象可資證明，這就真的是一個不可置信與不可思議的怪異事件了。」這故事之所以特別重要，是因為這名不死族是個例外，她並非生前就施暴為惡的壞蛋，而是一個嫵媚可愛的存在，其舉止即使在死後，也跟生前一樣如此溫和平靜。沃爾特．馬普的這個記載，在中世紀文獻裡是獨一無二的。在其他記載裡，死者幾乎全都造成禍害。然而，這位學者最後沒有提供解釋，他在結尾處說：「我們必須全盤接受上帝的作為，祂的作為超越我們的疑問之外，也非我們的忖度所能及。」

跟沃爾特．馬普一樣，蒂爾伯里的吉爾瓦希烏斯（Gervasius von Tilbury），一位英國的法律學者、歷史學者及地理學家，也在亨利二世的王宮內講學。他所記錄的諾曼騎士紀堯姆．德．穆斯蒂耶（Guillaume de Moustiers）的故事，同樣也是在配偶死後繼續婚姻生活，但是這次結局血腥多了。騎士與妻子曾在婚禮時誓願，如果丈夫比妻子先過世的話，妻子將永不再婚。後來穆斯蒂耶真的早死了，他的遺孀遵守誓約多年。但最後，她在友人敦促下再次結婚。眾人才從教堂回來，正要進行婚宴時，忽然一道尖銳的大喊傳遍在場賓客之間：「悲慘啊，我真悲慘！我破壞了婚姻的誓言，現在我先生來了，他要用石臼打死我了！」不過，這位新婚的寡婦是唯一能看到她過世丈夫的人。客人看到的，只是一根沉重的石杵憑空砸了下來，把寡婦的頭殼敲碎了。

儘管同一時間，在一一九六年，僧人紐柏格的威廉（William von Newburgh）也在他的《英國事務史》（*Historia Rerum Anglicarum*）裡，報導了英格蘭王國境內的不死族。當時在不列顛島嶼上，人們對復行者的信仰有多普遍，從他的導言裡能清楚看出：「死者的屍體在不知道什麼精神的驅使下，離開墳墓，以便襲擊生人，給他們帶來恐怖與毀滅，然後返回自己的墳墓，且墳墓還會自動向他們打開。這一切，如果不是有許多當時的案例、如果不是有無數目擊證人的佐證，一個理性的人是很難當成真事接受的。」在一個發生於白金漢郡的案例裡，神職人員在面對不死族的危險時，比起在沃爾特．馬普的威爾斯騎士那個例子中，明顯要聰明得多。這次是林肯郡的主教接到求救的訊號，因為有一位先前已下葬的男人回來了，勒死了他的太太、他的兄弟、其他一些村民，連牲畜也都遭殃。一開始，主教不知所措，因為他從未遇過不死族肆虐。他建議人們把他挖出來，那屍體確實沒有絲毫腐敗的跡象。求助者提議把屍體燒掉。他們認為，英格蘭已經出現多次活死人事件，焚燒屍體向來都能終結鬧鬼的問題。但是主教選擇了另一個辦法。他認為不需要燒毀死者，只要在他胸口上貼一張赦罪的紙條就好了。經主教簽名後，紙條確實發揮了效力，後來村民再也沒見到那名死者了。

紐柏格的威廉還列出三個案例與此類似：分別發生在諾森柏蘭（Northumberland）的貝里克

（Berwick）、在羅克斯堡郡（Roxburghshire）的梅爾羅斯（Melrose）修道院，以及在約克夏。在這三個案子裡，人們都選擇了典型的手段來對付不死族。他們焚燒他的屍體，藉此使鬧鬼現象停息。其中約克夏案例的復行者比較特別，他會喝受害者的血。然而，這並未使他成為典型的吸血鬼。因為他奪命的辦法是「使空氣惡臭」。吸人血似乎只是附帶的行為。最後，有兩名兄弟在父親遇害後，鼓起勇氣。他們把騎士的屍體從墓中挖出來，「他如此腫脹，以至於看起來像巨人一樣。」紐柏格的威廉如此寫道，「看上去壽衣已經從內部撐破了。『這兩名兄弟』在屍體上劃了一道很大的開口；從中流出許多血，顯然這名死者已經吸了很多人的血。」他們把屍體放上火葬堆，可是卻燒不起來。直到他們把心臟剜出來並切成碎塊後，屍體才終於著火。紐柏格的威廉在結束報告時寫道：「在這邪惡的屍體被摧毀後，瘟疫才減緩下來，彷彿焚燒屍體洗淨了空氣一樣。」我們在這裡看到的這種吸血鬼型態，將在往後的許多世紀裡，大行其道，一再讓整座村子與小鎮陷入恐懼與驚嚇：他會散發令人作嘔的臭氣，外型也醜惡歪斜。

相對的，海因利希・馮・德姆・圖爾林（Heinrich von dem Türlin）在他的《王冠》（*Diu Crône*）裡所描述的吸血鬼又大不相同，此書撰寫年代介於一二二〇與一二三五年間。書裡的吸血鬼需要喝血才能存活，而且他是吸血專家，文學史上幾乎沒有第二隻吸血鬼像他這樣精緻講究。

《王冠》是一個會讓人心神不寧的文本，本來這應該是一部亞瑟王傳奇故事，如哈特曼．馮．奧爾（Hartmann von Aue）與沃爾夫拉姆．馮．埃申巴赫（Wolfram von Eschenbach）在他之前所完成的作品那樣。然而馮．德姆．圖爾林筆下的主角賈文（Gawein）並不是抬頭挺胸迎向他的冒險之路，而是腳步踉蹌，遭遇一件又一件怪誕不經的事件。他必須坐視六百名騎士遭到屠殺，可是只見敵方武器揮舞不見人影，被殺的人則化成一團火光。接著賈文遇到一名裸體的女孩，正在保護一個被捆綁的巨人不受食屍的鳥類攻擊；遇到一隻通體綠色又長著角的神話怪物；遇到一個老女人鞭打著被捆綁的裸體黑人；還遇到一名農夫放火點燃一群年輕的女孩。在這種彷彿末日審判的群魔亂舞裡，出現一隻吸血鬼也就不會讓人訝異了。他不是別人，恰恰是聖盃國王，真面目是一名夜間睡在棺材裡的飲血者。讓這名老人維持性命的血，是從一根長槍上滴下來的。就是當初捅入耶穌基督肋骨裡的那根長槍，而且從那時起，長槍便滴血不止。五名女孩用一個水晶盤把血呈給老人。她們還遞給他一根蘆管，讓他透過管子把血喝乾。一隻用吸管從水晶盤中飲血的吸血鬼：這看起來像是現代電影中的一幕，實際上卻是早期對吸血不死族的文學陳述之一。

但把不死族設想成「俊男美女」的傳統，最早既不是從沃爾特．馬普描述的布列塔尼騎士的亡妻開始，也不是源自於海因利希・馮・德姆・圖爾林筆下這位優雅的聖盃國王，而是可以追溯到更為古老的時代裡。一位美若天仙、莊重、堅貞，而且致命的不死族，我們在古典時期裡已能見到。特拉雷斯的弗列岡（Phlegon von Tralleis）在他的《驚奇之書》（*De mirabilibus*）裡，就提到了這樣一隻吸血鬼。弗列岡是已贖身的自由人、羅馬皇帝哈德良（Hadrian）的朝臣，此書撰寫於西元二世紀。弗列岡在書裡蒐集了當時代各種關於畸形、雌雄同體、靈異事件，以及其他超自然現象的故事，但也收錄民間信仰中較古老的傳奇與傳說。其中有一個故事是〈柯林多新娘〉（Braut von Korinth）；一七九七年，歌德把這個故事改寫為同名的敘事謠曲。

一名年輕人動身前往柯林多，去拜訪父親的一名朋友，其女兒在幼年時就已經許配給這名年輕人。他自己仍信仰舊日的希臘神明，但這女孩的家庭在這段期間已經改信了基督教。他敲門時，時間已經很晚了，只有母親還醒著。她請他進來，給他準備了一份豐盛的晚餐，不過他太疲倦了，因此衣服還沒換，就倒在床上睡著了。突然房間門打開，進來的是已許配給他的未婚妻。女孩看起來慌亂且不知所措，但是這年輕人為她如此心醉神迷，以致他忽略了一切不尋常的現象。不論是她「全白的手」，或是她臉龐超乎尋常的慘白，他都不以為意。她試著警告這年輕人：「少年啊，離我遠一點，不要靠過來。」但他毫不理會。

女孩向他揭露了可怕的真相。先前當她母親生病時，為了恢復健康，女兒的性命被當成了祭品：「倒下的牲禮／既非羔羊也非公牛／而是聞所未聞的人命。」所以她已經無法兌現婚約了，現在要嫁給他的，是她的妹妹。然而他唯一渴望的只是他的未婚妻。「立刻跟我一起慶祝／我們意料之外的婚宴吧！」他如此要求。這時正好午夜，女孩明顯熱切了起來。不過，婚禮筵席與預期不同：「她用蒼白的嘴貪婪地啜飲著／色黑如血的葡萄酒。」年輕人遞給她的麵包則不願品嚐。這時，她最後的抗拒也已瓦解；她整個人撲到那對她做出許諾的人身上。她沒有臉色泛紅，而是一直「如雪一般白／像冰一樣冷」。但這沒有打斷他們的熱情：「愛使他們結合更緊密／眼淚摻雜著她的慾望／她貪婪地吸吮他口中的火／一人只在另一人中意識到自己／他狂烈的愛／溫熱了她僵冷的血／只不過在她的胸中沒有跳動的心臟。」

最後，她懇求母親為她終結自己作為吸血鬼的存在，並允許她與此時同樣注定成為吸血鬼的愛人一起火葬：「請妳堆起一個柴火堆／打開我充滿憂慮的小屋／讓兩個戀愛的人在火中安息／當焰火噴發／當骨灰燒紅／我們將匆匆奔向古老的神明。」

歌德在世時，這首〈柯林多新娘〉流傳很有限，因為當時的人大多覺得這首敘事謠曲太過衝撞禮俗，愛慾的描述太過露骨。所以這首詩起先埋沒在歌德作品集最後的部分裡，後來的評論家也只是偶爾提到，視之為古代恐怖故事的古怪改作。

然而，對吸血鬼研究而言，這首詩之所以特別有趣，是因為這裡描述的不死族，跟同時代所認知的吸血的復行者是如此不同。共同點是顯而易見的：就夜間會離開墳墓、會吸血與殺人、火葬作為中止鬧鬼唯一的辦法來說，〈柯林多新娘〉跟冰島傳說的一些屍鬼是一樣的。柯林多的新娘是道道地地的吸血鬼，這點無庸置疑。然而，跟當時在各地村落裡實實在在被木樁打穿、被砍頭與遭焚燒的不死族比較起來，其間的差異大得可以。一邊是一位絕美、蒼白、有鮮明情色意味的少女，另一邊則絕大多數是腫脹、滿臉血紅、會暴力攻擊的男性。在中世紀文學的描述裡，不死族也常常維持著他們斷氣時的外觀與年紀，所以在許多案例中，都能立刻讓他所襲擊的人認出來。

同樣來自希臘文化圈的還有希臘的英雄史詩《阿格利特之歌》（*Akritenlieder*）。這些詩歌誕生於西元一千年前後，在拜占庭皇帝巴西爾一世（Basileios I.，在位時間八六七至八八六年）或者巴西爾二世（Basileios II.，在位時間九七六至一〇二五年）在位期間。故事中不死族的主題出現在康士坦丁（Konstantin）這個角色上。他母親要求他去把在異邦結婚的姊妹優朵綺亞（Eudokia）帶回來。不過康士坦丁已經死去且下葬了。「母親的詛咒迫使康士坦丁從墓中爬起：

墓碑變成一匹馬，墳土化為馬鞍，他一頭美麗的金髮變成馬轡，蚯蚓則變成康士坦丁本人。」一開始，康士坦丁順利完成了母親交付的任務：他找到了他的姊妹，並帶她動身返鄉。然而，他們周遭發生了奇怪的事情。小鳥對她不是發出尋常的鳥語，而是唱著：「萬能的上帝啊，你造就了奇妙的神蹟，你讓活人跟死人走在一起！」優朵綺亞察覺到有些事情不太對勁。她說：「我對你感到害怕，我的兄弟，你身上有焚香的味道……你的金髮在哪裡呢？你嘴上的小鬍子怎麼不見了？」康士坦丁用話巧妙搪塞過去，依約把優朵綺亞帶回了母親身邊。但是代價非常高，因為當母親與女兒互相擁抱的那一剎那，兩人同時也死了。

✠ 跳舞的死人：中世紀的圖像描述

在卡洛林王朝結束後，羅馬教會的道德普遍敗壞了。直到中世紀盛期開始時，人們才又重新想起更高的價值、良知與虔誠。這個依照勃艮第地區本篤會的克魯尼（Cluny）修道院命名的克魯尼改革運動（Cluniazensischen Reform），其基本信條之一是：不要忘記你是必死的人！（Memento moriendum esse）《聖經．詩篇》九十篇十二行也說：「求你指教我們怎樣數算自己的日子，好叫我們得著智慧的心。」在藝術裡，這種思想有時候會表現為一個骷髏頭，以便時時提醒生者：人的存在是很短暫的。

在一三四七年與一三五三年之間，這個警告呈現出令人窒息的態勢：黑死病奪去了兩千五百萬人的生命，占當時歐洲總人口的三分之一。隨後，又發生從一三三七年到一四五三年的英法百年戰爭。無論朝何處看去，遍地都是死亡與痛苦。十九世紀的呂貝克（Lübeck）歷史學者恩斯特・德克（Ernst Deecke）在談到他的城市時寫道：「一三五〇年呂貝克議會與市民達成決議，因為城裡人口太多，要把城市範圍一直擴大到柏格門（Burgthor）之前的埃勒布羅克（Ellerbrok），也就是日後絞刑臺的所在地。市民非常高興，因為他們已經為此請願很久了；於是他們就懷著愉快的心情回家去，當時大夥都還活蹦亂跳。但是不到二十四小時之內，黑死病就降臨了，奪去了上百人的性命，其中大多數是參加了市議會集會的人。而且這死亡的波浪從聖靈降臨節一直到米迦勒節都沒有減弱，讓呂貝克在那一年內死了九萬人；在勞倫斯節那一天，從當日傍晚到次日傍晚的一日之內，甚至死了兩千五百人。這種死亡的浪潮遍及歐洲各地，連議會也死了很多人，以至於幾乎只剩五、六人能倖免於難。」

在這種大規模死亡的震撼之下，呂貝克人於一四六三年委託畫家伯恩特・諾特科（Bernt

Notke）進行一項非常特別的工作。他們請他在呂貝克聖母大教堂（Mariendom）的告解堂裡，畫一幅《死人之舞》（*Totentanz*），這種繪畫在法國的巴黎與拉謝斯迪約（La Chaise-Dieu）都已有藝術家創作過。《死人之舞》的主題是〈我將死亡〉（Vado Mori）這首詩的圖像呈現。在這首當時十分流行的詩歌裡，代表不同階層與職業的人物控訴著死亡，每一句總是從「我將死亡」這句拉丁文開始。

伯恩特．諾特科在告解小教堂的牆上畫了二十四個真人大小的人物形象。每個人物代表一個階級或職業，再配上一個死神，一共是二十四對人物，背景是呂貝克與周邊景象。圓圈舞的順序從教宗開始，接著是皇帝與皇后，樞機主教與國王。再來是主教、大公、修道院長與騎士，然後是僧侶、士紳、主教教堂教士會成員、市長、醫生；最後的部分是高利貸業者、神父助手、商人、教堂司事、行政官員、修道院隱士、農夫、少年、少女，最後是一個躺在搖籃中的嬰孩。[26]配合〈我將死亡〉的詩句，每一個人物在所屬的詩行裡對死神說幾句話，而死神先是回答他，然後在最後一句話裡轉向下一個「舞伴」。

《死人之舞》裡的死神形象，嚴格來說並不是死者。他是死亡的一種人格化，一種走出墳墓且四處遊走的存在。然而活屍體也跟著死神一起走入歐洲藝術裡了。死人舞蹈圖後來成為歐洲教堂與修道院裡廣受歡迎的主題。跳舞的死神很快就出現了許多樣式。從二十四對舞者的嚴格形式開始，很快就演變為自由表達的死者形象，例如從墳墓裡爬出來的死人。一四九三年，哈特曼．舍德爾（Hartmann Schedel）在紐倫堡出版了一本世界編年史。其中有一幅木刻版畫據信是出自阿爾布雷希特．杜勒（Albrecht Dürer）之手：腐爛到一半的骷髏從他們的墓穴中爬起來，興高采烈地在墳場裡跳舞。一名死者吹奏長笛，另一名必須用手扶住他掛在外面的腸子，所有死者身上都披著破碎的裹屍布。圖上一個活人也沒有。在第一版裡，這幅木刻版畫還配上一首佩脫拉克（Francesco Petrarca）的詩：「沒有什麼比死亡更好，沒有什麼比痛苦的生命更糟。人的死亡是免於勞苦，是永恆的安息。」

一八一三年，歌德為了躲避拿破崙戰爭後的動亂，在逃往特普利策（Teplitz）的途中寫了一首有七個段落的敘事謠曲〈死人之舞〉，詩中就採用了這種興高采烈的舞蹈為主題。歌德筆下的死人表現得就跟杜勒版畫上的一樣無憂無慮：

26 二十四個代表人物，每個配一個死神，一共是四十八個人物圖。這幅《死人之舞》在一九四二年的呂貝克大轟炸裡，遭英國空軍炸毀。

「敲鐘人在午夜
看著下方的墳塚；
月亮把一切照得透亮：
墳場上彷彿白晝。
有個墳墓動了一下，然後又一個：
這裡出來一個女的，那裡一個男的，
都穿著白色拖地的衣裳。
大家伸展腳踝，排成圓圈，
為了即刻把握歡樂時光，
有的窮有的年輕，有的老有的富裕，
但過長的衣服阻礙跳舞。
既然羞恥在此已無用處，
他們全都抖掉衣服，
一件一件散落在墳丘之上。」

然而活死屍的藝術呈現，遠遠不是只有這種死人跳舞。法國中世紀學者尚—克勞德・施密特（Jean-Claude Schmitt）在一九九四年發表的一篇研究裡，深入探討了中世紀復行者的歷史。他根據當時的圖像材料，為十二到十六世紀描述不死族的類型，作出下列劃分：

- 拉撒路類型：像復活者一樣出現；
- 復行者：跟生前一樣，毫無死亡跡象；
- 亡靈類型：死者之靈呈現為縮小人型，作為靈魂的象徵性複製品；
- 鬼魂類型：蓋著一塊隱約透光的裹屍布；
- 陰森森類型：表現為活屍貌，呈現不同程度的腐爛狀態；
- 不可見類型：其形貌主要透過文字描述來顯示。

其中，從十三世紀末起出現較多的鬼魂類型，或許可被視為今天常見的鬼魂形象前身。例如，十四世紀法國僧侶紀堯姆・德・德桂勒維爾（Guillaume de Digulleville）所作的《朝聖之

的不同版本的插圖裡，就有各種不同旅：前往天國的耶路撒冷》（*Le Pèlerinage de la Vie Humaine*）的不同版本的插圖裡，就有各種不同的鬼魂造型。其中一幕的圖像畫得特別鮮明：朝聖者從旁觀看三名不死族為三名坐在餐桌上的活人服務。活人的衣服是彩色的，披著裹屍布的復行者的圖像卻完全沒有著色，從視覺上強化了（不）死族與活人的反差。中世紀關於活死人最讓人印象深刻的一幅裝飾畫，是來自十五世紀的一部佛萊明語的手抄稿，為雅各·德·佛拉金（Jacobus de Voragine）所寫的《黃金傳說》[27]。裡面活屍被畫成陰森恐怖、手持武器的模樣；他們在保衛一個受敵人追趕的人，讓他穿過墓園逃進教堂裡。一些復行者擺出架勢正要迎戰敵人，另一些則剛從墳墓爬出來，才做好戰鬥準備。這些不死族保護他是出於感恩，因為後者總是在墓園裡為死者的靈魂救贖禱告。裝飾畫的另一幕，呈現一名後悔的已死罪人；他躺在一對友人夫婦的床上，因為生前偷了一件外套，此刻正被那外套的重量壓得哀嚎不已。

所以，不死族的想像對中世紀的人們來說，是非常真實的。他們熟知那些不死族的名字與個性，還能對他們的外觀產生虛構的想像。

27《黃金傳說》（*Legenda aurea*）是以拉丁文寫成，但是流傳廣泛，也有其他語言的版本，這裡是佛萊明語版，荷蘭文的一種。

chapter

5

吸血鬼的科學——考古學裡的不死族

Die Wissenschaft der Vampire —Untote in der Archäologie

恐懼會留下哪些考古學的遺跡？一名在幾十年或幾百年前引發如此巨大的恐懼、在夜間帶來如此可怕噩夢的不死族，現在還剩下什麼？我們看到的，只是這些恐懼的殘影。因為恐懼與噩夢不是考古學者能發現的，那是只發生在人腦袋裡的事。然而，考掘者能尋找的，是他們採取的預防措施。他們會做什麼事情來抵抗這些不安？他們會採取什麼行動來終結這些噩夢？

在墳場的地下，考古學家只能發現會留下痕跡的事物。因此，針對不死族進行的驅鬼儀式，有很多大約是見不到的。咒語唸完就消散，不會在地上留一個印子。焚香的香灰一陣風就能吹散，什麼痕跡也不留下。在墳頭上澆灌的聖水，最晚在下過一場雨後就無從證明。用手在空中畫十字架，手放下的那一剎那，十字架也跟著消失。能留下來被看見的，只有那些最激烈的措施：也就是活人用暴力對不死族施加的鎮鬼儀式，有時甚至是極端暴力。所以，在考古學上能掌握的不死者信仰例證，只不過是巨大冰山的渺小一角。

祛除一個不死族所能採用的種種措施，在每個時代與每個文化裡都不斷重複：捆綁、石鎮、釘子、木樁、火焚、剝除其身體的部分或器官等等。本章的篇幅只夠提到那些最駭人聽聞的案例。在數不清的小型考掘裡，被鎮在墓裡的不死族，常只有一、兩個，這樣的考掘在本書中都將略過不提。然而，經由考古調查過的墓地，如果拿來跟那些尚未發現，或還沒開挖的墳場比較起來，又只是很小的一部分而已。畢竟，學界開始對中世紀與近代墳場產生研究興趣還沒很長的歷史。直到二十年前為止，這種年代的考古遺跡都被看作垃圾，如果在營造工程裡碰到了，都是直接清除，根本沒人會去探究那些遺骸與手工藝品是怎麼回事。直到最近幾年，考古學的自我認知才有了轉變：現在大家認為，不論來自石器時代、古典時期或中世紀，或者甚至是當代，我們留下的一切痕跡，都屬於我們的歷史。考慮到考察過的墳場為數極少，這露出的冰山之角就更小了。未發現的不死族墓塚統計黑數是巨大的。

如果考古學家在挖掘中，發現一個疑似的不死族，就必須按表作一系列的檢查。最頂端的問題是：這個壓在遺骸上的大石頭，或者釘在心臟部位的木樁，是不是有另一個完全科學的解釋？如果答案是否定的，他就必須搜尋可供比較的案例。有沒有與此類似的、同樣指向不死族信仰的埋葬方式與驅鬼儀式的遺跡？接著就開始當地的考察。當地有哪些傳說提到不死族？在古老的教堂或市政廳檔案裡、或者甚至在舊時代的報紙裡，有沒有關於地區內不死族事件的報導？村子裡的老人會不會還知道些什麼？而且最後，骨骸本身也能回答問題。有沒有什麼疾病使死者在生前受到懷疑？有肢體的殘障嗎？是外地人嗎？考古學家就是這樣，在相關領域同事的協助下，一步一步對這種迷信進行解釋。

雖然已經有一系列非常紮實的個別研究，比如對斯拉夫屯墾區或斯堪地那維亞地區的不死族墓葬研究，但是，到目前為止，一直還缺少從考古學觀點對不死族現象的總體描述。因為，只有埋藏在地底下的墓穴，才保存了無數可靠的線索與證據，來顯示過去數百年裡，活人與不死族之間有過何等戰鬥。本書首度廣泛蒐集這類考古證據，並且在參考相關學科的情況下，對這些材料進行評估。此外，本書也將幫助讀者更清晰地辨識反常現象與迷信實踐所留下的蹤跡，儘管這些蹤跡有時十分微弱。畢竟，在我們這個理性與世俗的時代裡，在考古挖掘時，誰會預料能碰到一個疑似的不死族呢？在一個平靜偏遠的小村裡出現一隻吸血鬼，似乎就跟星期日做禮拜時，有隻魔鬼跑來參加一樣令人難以想像。大多數考古學者都是在完全意料之外的情況下碰到的。不論墳墓裡驅鬼儀式的證據多麼鮮明，幾乎沒有一名考掘者腦裡閃過的第一個念頭會是「我找到一隻吸血鬼了」。一個人只會找到他想找的東西。此外，很重要的是，就算找到許多吸血鬼，也不會公布出來，因為考掘者會擔心自己被同行嘲笑。所以，無數的復行者再度被驅逐了，被驅趕到考掘報告註腳裡毫不起眼的地方，從此再也沒有機會重見天日。一直要等到考古學家世代更替，情況才開始有了轉變。過去幾年裡，自從有越來越多年輕勇敢的考掘者不怕同行嘲笑、也對不死族毫無顧忌，以不帶成見的眼光研究考古遺跡，才有越來越多人承認挖到了吸血鬼。所以，現在吸血鬼登場了。突然間，各處墓穴都有了不死族的蹤跡。不只在祥和的新英格蘭，也在德國鄉下，包括梅克倫堡—前波美恩（Mecklenburg-Vorpommern）、巴伐利亞、下薩克森、巴登—符騰堡（Baden-Württemberg）各邦。換句話說：吸血鬼就躺在德國人興建自家房屋時，從地下室挖出來的土方裡。

✠ 在僧侶的看顧之下：修道院裡的吸血鬼

就連在受過獻禮的土地上，也不保證沒有不死族。下薩克森的哈瑟費爾德（Harsefeld）有個案例顯示，吸血鬼似乎既不怕聖水，也無懼聖壇上的焚香；這個案例也說明，如果你沒有特別去搜尋的話，一個不死族在墓園裡是多麼容易躲過人們的注意。無論如何，哈瑟費爾德有相當多受獻禮的土地，而且甚至還特別神聖。因為在這裡，從一一〇一年到三十年戰爭結束的一六四八年為止，座落著一間重要的本篤會修道院。當時周邊地區早已全都信奉新教：一五二五年起的斯塔德（Stade），不久後布克斯特胡德（Buxtehude），然後是一五五八年不遠處的西多會（Zisterzienser）希梅爾普福爾滕（Himmelpforten）修道院。只有哈瑟費爾德的僧侶到最後還勇敢高舉著羅馬天主教的大旗，執拗地對抗宗教改革的浪潮。順應時勢從來不是他們的信條，從修道院建成開始，他們就不隸屬於鄰近的不來梅的大主教，而是完全只隸屬於羅馬教廷。所以，整體而言，哈瑟費爾德修道院是一個非常嚴格奉行本篤會原則的地方：「禱告，勞動，讀經」（ora et labora et lege）以及「為了主在一切裡得榮耀」（ut in omnibus glorificetur Deus），而且人們猜想他們對異教的迷信沒有理解與容忍的餘地。

然而，在嚴格的天主教屋頂之下，僧侶顯然不是那麼完全信賴天主，跟從外面看到的形象有些出入。至少在牽涉到如何把一個不死族鎮在墓穴裡的時候，他們沒有完全相信天主。在這個問題上，只有古老的異教習俗才幫得上忙。這個違反基督教的行徑，一開始是營建工人在移除地磚時注意到的。一九六〇年代，這昔日的修道院教堂、後來被改獻的聖母瑪利亞暨巴多羅買（St. Marien und Bartholomäus）教堂要換一個新的聖壇，因此需要一些改建。當工人把地板的石磚剝除時，就看到下面有墳墓。這是教堂裡最神聖的位置，儘可能靠近這神聖居所的中心點。只有生前對教會團體特別重要的人，死後才能在這裡安息：也就是那些修道院院長。他們全都依照本篤會修道院院長安葬的慣例，以頭朝西、腳朝東的方向埋葬，而且沒有任何陪葬品。但有一個例外。其中一位修道院院長的兩根小腿骨之間，有一個掛鎖。有人把他的腿用鎖綁死了，以確保他無法從墓裡再度爬起來。

以對付復行者的鎮鬼手段而言，掛鎖算是相對少見。不過在另一個案例上，我們也看到掛鎖被用於這個目的。這是在新布蘭登堡（Neubrandenburg）一個中世紀晚期墳場裡的不死族，地處梅克倫堡的多湖平原地。這個案例看起來是一個極端難纏的復行者，同時用上了許多種安全措施。先是捆綁，然後加上鐵鎖，最後還在腹部堆上一塊漂礫[28]。

在許多地方，漂礫似乎曾被視為把不死族鎮在墓中的有效辦法。不過跟掛鎖比起來，漂礫遠遠沒有那麼起眼，在考掘活動中，很容易被忽略。問題不在石頭的尺寸，而是因為地上有塊石頭首先完全不是什麼奇怪的事，再者對考掘者也是一種妨礙。大多時候他會儘快把石頭排除，以便探查下方的出土文物，所以對這塊大石頭也就不會多所關注。在哈瑟費爾德本篤會修道院的案子上，就發生了這樣的狀況：考掘者在十字迴廊內的一座墳墓裡，遇到一塊漂礫，就直接當成障礙排除了。直到考掘工作結束後許多年，斯塔德市的考古學家與本書作

28 Findling，地質辭彙，指與周邊土質截然不同的天然大石塊，主要是由於冰川載運而形成。

者才發現這塊石頭意味著什麼。那是他們在為過去的考掘照片建檔時，在電腦螢幕上發現的。首先，那塊大石頭所在之處完全不是它該在的地方。因為十字迴廊整個西半部都是顆粒細小的土壤，連卵石都沒幾顆。這塊漂礫突兀地放在那裡也不可能是為了標示墳墓位置，因為它就在墓穴裡面，就在被它擠到一邊的死者頭顱旁邊。胸腔部位也有一些骨頭的位置被它推開了。這一點是關鍵：當這塊石頭進到墳墓裡時，屍體必定已經處在一定程度的腐敗狀態了。因為如果屍體仍是新鮮的，骨架會受到肌肉與皮膚的良好保護。在這種情況下，個別骨頭不會因石頭而位移。如果你把一塊漂礫壓到一具新鮮的屍體上，一定是整個身體一起位移。但如果肌肉與皮膚已經腐爛，骨頭就失去支撐的力量了。這時，只有直接與漂礫接觸的那些骨頭會在壓力下，向旁邊讓出位置，其餘骨骼則或多或少不受影響。哈瑟費爾德修道院十字迴廊西半部的這具骷髏呈現的，正是這樣的狀況：漂礫只推開了胸腔附近的幾根骨頭。

相對的，棺蓋當時應該還在。我們能從照片上一塊顏色轉深的長方形色塊，認出棺蓋的位置，只有漂礫打破棺蓋的位置，才有色澤的缺口。木材可以保存非常長的時間不會分解消失。其中橡木又特別耐久，因此是製作高級棺材的上乘材料。棺蓋仍然完好，而屍體內部已經分解殆盡，這是完全可能發生的事。至於棺材需要多久時間才會敗壞崩解，除了取決於木頭的種類，也跟土壤的性質有關。要概略估算這段時間的長短並不困難，你只需要到自家村子或所屬市區的墓園走一趟。如果你經過一排一排的墳墓時仔細看，總是會有幾座墳墓被管理單位用封鎖線圍起來，因為裡面的棺材崩了，需要更多土來把缺口填上。我們可以從墓碑上的死亡年代，計算出當地棺材耐久時間的平均值。這些數據透露的訊息還不止於此。因為那些支撐最久的棺材很可能都是橡木製的，相應來說成本也是最高的。這時死者的名字就能告訴我們，哪一家人的後代辦喪事時，即使花錢也在所不惜。

還有一個跡象指出，哈瑟費爾德的這個墳墓曾在事後打開，死者被大石頭鎮住也是人為的：我們在細心製作的考掘縱切圖裡看到，在大石頭正上方有一個豎坑的土壤顏色些微異於充滿墓穴的其他土壤。所以，不論是誰把漂礫推進去的，那墓穴當時必定是在頭部上方的位置再度挖開的，死者在裡面必定已經躺了相當的時間，覆蓋的土必定已經塌陷。同時執行者必定在兩人或更多人以上，因為那塊漂礫非常重，一個人無法搬動。

死者生活於十四或十五世紀，而且很年輕就死了，死時年紀只有十八到二十三歲。他生前必定是外貌魁偉之人，一百七十公分的身高明顯高於哈瑟費爾德其餘男性。除了一點蛀牙以及髖關節有輕微磨損現象外，他的骨骼沒有任何患病的跡象。他也許是一位年輕的僧侶。

但也可能是富裕家族的後代。因為，儘管在教堂內的安息地非常搶手，主要都保留給神職人員，但是有財力的市民只要向修道院捐贈足夠數目，也能在這特別神聖的土地上弄到一個位子。

當本書作者對同事迪特里希·阿爾斯多夫（Dietrich Alsdorf）提到在電腦螢幕上發現的事情時，後者立刻想到他三十二年前在十字迴廊裡考掘的另一個墳墓，就在前述墳墓之北數公尺遠。這個墓的特別之處，是它埋得比其他墳墓深很多，導致在開挖豎坑的過程中，有兩個較老的墳墓受到影響。在挖到棺材之前，阿爾斯多夫還得先移除一層磚造結構，這結構是由三十乘十五乘十公分大的磚塊牢牢砌成的，與修道院外牆使用的建材相同。在移除這些磚塊之後，他看到的卻不是棺材蓋，而是棺材底部。有人把這梯形棺木挖了出來，再上下顛倒放回地底。因此棺內的骨頭整個亂掉了，這名死者必定也跟被漂礫壓住的死者一樣，已經進入腐爛末期。只有頭蓋骨、下顎及小腿骨還大約留在應該在的位置。不過在腐爛過程中，下顎通常是最早脫落的骨頭之一。所以是否有人把死者的下顎綁死，好讓他無法向生者索命呢？阿爾斯多夫也覺得小腿骨緊緊排在一起不太尋常，好像是在把棺材翻面、深埋、用磚頭封住之前，有人先把死者的雙腳捆綁起來。這兩位考古學者接著把十字迴廊內所有墳墓的影像再檢查一次，而且確實在幻燈片與考掘的手繪紀錄上，找到更多可能有問題的死者。七號墳墓的男性死者缺少頭顱與雙腳，也就是吸血與行走所必須的身體部位被除掉了。無頭死者本來並非聞所未聞的現象，比如在激烈的戰鬥中頭被砍掉了，或者甚至被勝利者當成戰利品拿走了。沒有腳的死者也可以有合理的解釋，例如發生了可怕的意外。但是，很難解釋一個同時沒有頭顱與沒有雙腳的死者。此外，這名死者從肩膀到骨盆的上半身骨骼都呈破損狀態：那是有人為了挖出他的心臟，所以把肋骨撬開所留下的痕跡。

考掘者也在編號十六與十七的墳墓裡，發現類似的屍體損毀現象。兩名男性死者的肋骨與小腿骨都遭到嚴重破壞，隨後墓穴被倉促用土填上。因為過於倉促，連十字迴廊上的地磚都一起被填進墓穴了。誰會去做這種事呢？幾乎不可能是尋寶的盜墓者。因為在那個年代，陪葬品在哈瑟費爾德的墳墓裡並不常見。比較可能的解釋是，做這件事的人找的並非寶藏，而是死者的心臟，目的在將其徹底摧毀。

另外兩個不尋常的墓葬案例，雖然不能直接了當判定為不死族，但是拋出很多難解的謎團。十四號墳墓的死者手腕戴著一個小銅鈴。這是為了製造示警的鈴聲嗎？以免萬一他沒有完全死透，開始在墳墓裡蠢蠢欲動？另外，修道院東側翼裡有一名男性死者並非獨自一人在墓中。他的頭顱兩側各放了另一個頭顱。我們不知道這是什麼儀式，但絕對不是基督教的葬法。

值得注意的是，在所有這些不尋常的墓葬案例裡，死者都是男性。這是在十四或十五世紀，正值黑死病大流行的時代。黑死病在十四世紀中葉抵達歐洲，並在接下來三百年裡的一波波襲擊中，奪去無數居民的性命。在這種具高度傳染力的瘟疫時代裡，不死族信仰也特別活躍。第一個人死了，很快就把其他人帶進墳墓：妻子、小孩、奴隸、女僕、鄰居，以及朋友。

在黑死病面前，就連教會也束手無策。在瘟疫抵達一個城市或一個小村之後，不論是祈禱、勞動還是讀經都無濟於事。這時，上帝彷彿把頭撇到另一個方向。幸好哈瑟費爾德的人們沒有忘記異教祖先的辦法，當一名死者有殘害生者的嫌疑時，他們都知道該怎麼做。然而要對死者動手，他們得先進到十字迴廊裡，但這裡可不是一般民眾能自由出入的地方。就算吸血鬼獵人在夜間越過修道院的圍牆跑進來，也還得先把地磚撬起來，而這根本不可能在寂靜的半夜裡偷偷完成。所以這件事很清楚：本篤會的僧侶必定曾經允許村民在修道院的圍牆內，進行這些異教儀式。而如果問題出在他們自己的修道院長身上，僧侶甚至還可能親手協助。

位於巴伐利亞邦納布堡（Nabburg）的聖約翰教堂（Johanneskirche）大約也是如此，納布堡曾經是上法爾茨森林地帶裡，一個重要且富裕的教區。早在九世紀，這裡就有一個小教堂，更早以前是異教的文德人[29]的祭祀地點。後來成立的本篤會修道院跟雷根斯堡（Regensburg）的主教教堂保持密切連繫，許多教士會成員都到聖約翰教堂來講道。這麼一個重要的教堂，自然也成為很有吸引力的埋葬地點。只要有點能力的人，都希望能葬在聖約翰教堂的庇蔭之下。因此，在這裡的土地裡，死者埋葬得相當擠。二〇一二年，當中世紀考古學家馬蒂亞斯・亨施（Matthias Hensch）在教堂西內殿裡考掘時，他在僅僅十三乘六公尺大的範圍裡，就找到大約兩百具遺骨，年代介於一三〇〇與一五九二年之間。

這裡沒有空間容納棺材這種多餘的奢侈品。死者只穿一件壽衣或只縫在一個屍袋裡，就被葬到地下。而當墓穴太小時，人們就得用一點力氣把死人塞下去。而如果一次死了太多人，多名死者還得共用一個墓穴。比如三名大約同時間死去的兩女一男，就以上下相疊的方式，一起躺在一個狹窄的墓穴裡。

還有一個墓穴是由十四世紀死去的一對男女共用。然而這個墓有點不尋常。納布堡居民讓男性死者以臉朝下的姿勢葬在下面。女性死者則以正常方向躺在前者的背上。這幾乎不可

29 Wendisch，中歐一種斯拉夫少數語族，與波蘭語和捷克語有親緣關係。今天在德國境內約七萬人。

能是放錯。葬儀沒有任何倉促的跡象。兩名死者跟墓園裡其他許多死者一樣，被細心放置在地下。只不過這名男性的方向上下相反。人們擔心死者可能回來找人時，常常就會這樣做。

納布堡的聖約翰教堂還有另一名女性死者也是方向相反的。只不過並非正面朝下，而是頭朝東方。依照基督教信仰，這跟臉朝下埋葬一樣糟糕。因為這讓死者的目光在末日審判來臨時，無法看向東方，而《聖經》上說屆時耶穌基督再度降臨時，將從東方來[30]。頭朝東者就只能看向西方，看不到救世主了。這個女人做了什麼，要受如此懲罰？還是有人想用錯誤方向混淆死者，使她走不出墳墓？這一點從遺骸上看不出來。但是她跟小孩一起死亡這一點，也許就是關鍵。考掘者在她的兩腿之間，找到一副幼小孩子的骨骸，而且是以正確的頭朝西的方向。就像上述正面朝下的案例一樣，這不可能是意外。聖約翰教堂的墓地非常嚴格奉行死者頭朝西的習俗，她是唯一的例外[31]。

不過納布堡的墓地跟哈瑟費爾德的情況有個關鍵的差異。哈瑟費爾德的死者是先正規安葬，事後才被人打開墳墓，並採取相應的措施，好阻止他們爬起來；但是納布堡人則從一開始就把疑似的復行者鎮在墓裡。只不過在這裡同樣有僧侶的協助。因為不經過他們，是不可能埋葬在墓地裡的。納布堡人過世與安葬都由他們照管，要在他們不知情或不同意的情況下違背基督教的葬儀，是不可能的。

不過，教會人士顯然還知道更多鎮住不死族的辦法。今天當我們說到消滅吸血鬼，大多數人第一個想到的是用木樁來釘。在小說與電影裡，木樁常是首選的武器：布拉姆・斯托克[32]筆下的喬納森・哈克（Jonathan Harker）就是用木釘把德古拉伯爵（Graf Dracula）送入最終的死亡。在電影《惡夜追殺令》（*From Dusk till Dawn*）裡，喬治・克隆尼（飾演塞斯・傑科〔Seth Gecko〕）用一把氣動鐵鎚當成超級木釘，來對付大批成群的不死族。而吸血鬼女獵人巴菲・薩莫斯[33]把各式花樣的釘、栓、樁、榫隨身帶在手提包裡，包括她最愛用的那根「小尖先生」（Mr. Pointy）。不過在考古領域裡，木樁並不常見。但是，這並不代表不使用木樁。因為只有石頭或鐵製的掛鎖能長期留在地上為人所見，木製品隨著時間大多會消失得無影無蹤。你必須非常

30 依據《舊約・撒迦利亞書》十四章四節：那日，他（耶穌基督）的腳必站在耶路撒冷前面朝東的橄欖山上。

31 作者的意思似乎是說，小孩子的死被歸罪於母親，例如可能殺子自殺，因此有此懲罰。

32 Bram Stoker，1847~1912，愛爾蘭小說家。他一八九七年的哥德恐怖小說《德古拉》（*Dracula*）多次被拍成電影，其中十分著名的是一九九二年由科波拉（Francis Ford Coppola）執導、基努・李維主演的《吸血鬼：真愛不死》。

33 Buffy Summers，美國吸血鬼電視影集《魔法奇兵》（*Buffy the Vampire Slayer*）的主角。

仔細觀察，才能在考掘裡發現木樁的存在。

但是木樁確實曾被用來殺死吸血鬼；我們從奧地利克恩騰邦（Kärnten）的默茨畢希勒（Molzbichl）一個令人印象深刻的案例裡，就可以看到這一點。這隻吸血鬼似乎也不怕受過獻禮的土地，因為二〇一三年夏天，考古學家是直接在聖諦步爵（St. Tiburtius）教堂的內院花園裡找到他的。在展覽中世紀早期文物的卡拉恩塔那（Carantana）小博物館擴建預定地前，一口探測坑裡，考掘者在挖到一點三公尺深時，遇到四名死者，都是埋葬於中世紀早期。其中一名埋得特別周密：他躺在一層岩石之下。而且這不是唯一防止他爬起來的措施。當地博物館協會的生物學家嘉布里爾・斯萬德勒（Gabriele Schwantler）讓骨骸顯露出來時，她發現一些痕跡，顯示當時的人曾經在屍體的胸口位置打過木樁。聖諦步爵也不是一般的小村教堂，而是位於昔日默茨畢希勒修道院教堂的遺跡上。這個地點有著非常悠久的基督教傳統，從前是克恩騰邦最古老的修道院：該修道院建於西元八世紀，僧侶們以此為基地，對阿爾卑斯山區的斯拉夫人傳教[34]。當教堂花園裡這名不死族於十世紀被木樁刺穿時，傳教的任務已經大致結束了。然而，這個案例顯示，當時修道院教堂的內院裡，仍有人奉行異教的習俗。

哈瑟費爾德、納布堡、默茨畢希勒這三個地區有個共同之處：從前都是基督教傳播的大本營。僧侶創建這些修道院，以便在異教的土地上宣揚上帝的話語。而且這些修會教士十分成功，這些有不死族的修道院都十分富裕且具有影響力。然而，就在這些教會的權力中心裡，也仍有不少空間可以容納明顯並非來自基督教的儀式。新傳入的宗教，連同其仍然陌生的喪葬規範，常常嚴重衝擊傳統社會的精神世界，並造成人們對死者深感畏懼。比如說，在卡洛林王朝時代的基督教傳播之前，異教的薩克森人（Sachsen）原本是用火葬堆將死者燒成一小堆灰燼，但是在新神明的統治之下，死者的遺體卻必須葬在土裡。許多墳墓考掘的發現都指出，德國東部的斯拉夫人在從傳統宗教轉換成基督信仰的過渡時期裡，顯然對死者害人有強烈的恐懼。

✠ 非基督教版本的復活：斯拉夫人眼中的不死族

在柏林施潘道（Spandau）的基督教傳教就沒有那麼順利。這個有重要戰略意義的地方，

34 Alpenslawen，即上面提到的文德人。

從前是由斯拉夫語族的赫維勒人（Heveller）所控制的。施潘道在今天柏林老城南方不過幾百公尺，位於施普雷河（Spree）與哈弗爾河（Havel）匯流之處。此外，這裡不只有重要的河道交會，陸地上多條遠程貿易的路線也經過此地，因為河中的淺灘使這裡便於跨河通行。遠道來往沒有人能繞過施潘道。大概從西元八世紀起，赫維勒人的歷代族長就住在河中島上的一個城堡裡，族人則住在四周，形成一個城堡前的屯墾區，以及住在附近其他許多小村子裡。往後五百年裡，這幅在施普雷河與哈弗爾河畔的景象都沒什麼變化，一直到十三世紀，在今天的施潘道要塞（Spandau Zitadelle）的位置附近，出現了一個新的城堡，替代了舊城堡，而這就是直到一九二〇年都維持自治地位的施潘道城最早的發端。

教會當然也試過在這裡建立基地。神職人員在十世紀中葉來到這裡，九八〇年時在城堡旁建了一座木造教堂。然而，這教堂只維持了很短的時間。九八三年時，易北河與東海的斯拉夫人就在魯提真聯盟[35]的領導下，反抗神聖羅馬帝國皇帝與其遵奉的基督宗教。赫維勒人響應了號召，放火燒了這座施潘道教堂。如此一來，他們暫時擺脫了傳教士的干擾，再往下兩百年裡，布蘭登堡（Brandenburg）與哈維爾堡（Havelburg）的主教，都不敢冒險在斯拉夫人的地盤推動傳教事業，而只是以領銜主教[36]的身分駐居於皇宮內，保持一個安全的距離。

一九六三年在克羅威爾街（Krowelstraße）的建築工地裡，工人挖到屬於第一個城堡的墓園。在一一五〇年與一二〇〇年之間，赫維勒人在舊堡最後的幾十年裡，就把他們的死者葬在這裡。從墳墓上我們能看到，在施普雷河與哈弗爾河這裡，基督教的進展十分緩慢與停滯。考古學家要判別死者是基督徒還是異教徒，相對並不困難：基督徒死者沒有陪葬品，方向是頭朝西腳朝東；非基督徒則可以是任意方向，墓中也有家屬準備的陪葬品。斯拉夫人相信這些用品在彼岸會派上用場，因為，有別於基督教無限豐饒的天堂，他們相信死者得自帶裝備與行囊走進永恆的死後世界。

克羅威爾街墓園裡，最老的墳墓對方位毫不在意，也都有陪葬品。之後的墳墓陪葬品漸漸減少，也越來越多死者以頭朝西的方向躺臥，以便在復活之日能在東方看見耶穌基督。儘管如此，並非所有赫維勒人都接受這新的信仰。就算在遷移到新城堡之前的最後幾年裡，還是有相當數量的居民以異教的儀式埋葬死者。順帶一提，這個情況在搬遷到新城堡去之後，也沒有顯著的改變：那邊也還是有少數死者以頭朝北、朝南或朝東的方向埋葬，這時基督教

35 Lutizen，由西斯拉夫部族組成的聯盟。
36 Titularbischof，指沒有實質轄理教區的主教。

上帝的新信仰遠遠還沒有取得勝利。

然而，有一件事是赫維勒人堅定相信的：不死族。因為他們的墓園裡，充滿了被阻止從墓中爬起的死者。而且鎮鬼的手法十分多樣，能用的辦法全用上了。十九號墓的死者是一位大約五、六十歲的男子，他的身體被一根木樁打穿；二十八號墓裡的小孩子也是如此。考古學家還找到其他死者的腳被彎成十分極端的角度，只有屍體腐爛時是綁縛的狀態，才能形成這種姿勢。然而，我們不能據此認為這些死者是被綁起來的罪犯，因為罪犯的骨頭大多都埋在絞刑臺附近，不太可能會進到上帝的園地裡。因此，處理這些骨頭的研究者沃夫岡．格爾克（Wolfgang Gehrke）猜測，綁縛只是一種預防措施，以防萬一死者醒來，而且渴望從墳墓裡爬出來。

關於綁縛鎮鬼，十二號墓是一個特別有意思的案例。這是一名約十三到十八歲的女孩。她雙腿屈膝靠在胸前，右側臥，身體成南北向，臉部則朝著太陽升起的東邊。但是她的墓穴對這種擠壓的姿勢來說太大了。就算她伸長了身體，一點九公尺長的墓坑也是過於慷慨。不管是誰埋葬了她，埋葬者並沒有把挖出來的土鏟回去，而是用灰燼把墓坑填滿。灰燼裡摻雜了器皿的破片與動物骨頭。這會是某種儀式的殘餘物嗎？許多地方都認為灰燼具有潔淨的力量，也能防堵屍魔（Leichendämon）與女巫的危害。所以赫維勒人在此處也許想要雙重保障：先把死者綁縛起來，然後再用有魔力的灰燼填滿墓穴。二十二號墳墓的小孩子也躺在一層灰燼之下，墓穴也同樣大於所需。二點二五公尺長的墓穴，連巨人都放得下了，安葬的卻是一個不滿七歲的孩子。他沒有被綁起來。但是有清楚的跡象顯示，赫維勒人也猜測他是一名不死族，因為屍體曾經在已開始腐爛時，再度被挖出來。他們很可能為了取出心臟，翻挖了他的胸腔，然後又用木炭灰燼覆蓋他的小屍體。

七號墓中，有個約五十至六十歲的年老男性，其胸腔同樣遭到翻攪。當人們把他的墳墓再度打開時，屍體的腐爛固然已經非常顯著，但遠遠還不到完全爛光。吸血鬼獵人顯然覺得光是心臟還不夠，這名死者的頭也被拿走了。三十二號墓中，約四十至六十歲的年老女性也缺了頭部。不過她的墓又是另一個故事。一點四三公尺的墓長相當短，對一個成年的女性來說真是太短了。在原本應該是頭部的位置上，考古學者只找到少許的木炭，混合著焚燒過的細小骨頭碎片。這名女性下葬時，頭是已經被拿掉且燒掉了嗎？四十四號墓的另一名未成年女性以及三十三號墓的成年男性也都缺少頭部。前者的頭完全不見了，後者的頭則離該在的位置僅僅三十公分。是有人事後把他的頭在墓中砍掉，以至於頭顱滾到一旁了嗎？另外也有的墓不是缺一顆頭，而是多了一顆，三十一號墓裡，年約三十至四十歲的男子雙腳間，就多放了一顆頭顱。

木樁、捆綁、挖心、火焚、砍頭，所有這些用在克羅威爾街墳場的儀式都是典型對付吸血鬼的鎮鬼手段。然而，赫維勒人同樣相信索命鬼，也就是那些不離開墳墓，而是藉吸吮與咂嘴的動作，來讓親戚朋友接連喪命的不死族。三十一號墳墓中，年約三十至五十歲的女性死者就表現出這種信仰的特徵。考掘者在她的嘴中發現一枚硬幣，或說一小片有色金屬。在嘴裡塞這塊金屬，可以確保城堡居民的安全，因為她可以吸吮那塊金屬直到永遠，也害不了任何活著的人。

在上勞西茨（Oberlausitz）科布倫茨（Coblenz）的索布人（Sorben）屯墾區裡，人稱「死亡山丘」的地點，曾經出土過一個疑似不死族的墓葬，或許算是最不尋常也最極端的案例。一九二九年，史前史學者瓦爾特・佛倫策爾（Walter Frenzel）如此描述這個案例：「死者以頭朝東的方向埋葬。但是他或許曾在遺族的夢中出現，使他們感到害怕。無論如何，這個墓被重新挖開，死者上半身被取出來移到兩公尺外，並在完全切碎後重新下葬。原先的墓（裡面只剩下股骨以下的雙腿）上方的土被夯實，人們在上面燒一堆火，以縱向貫入多根木樁，最後還滾來幾顆大石頭壓在上面。」如果遺族非得把他切成兩段、剁碎、打樁、焚燒，以及用石頭鎮住，那麼他們必定極端懼怕死者。

在今天上法爾茨的莫克斯多夫（Mockersdorf）這個城市附近，有一個屯墾區的居民也想出非常花俏的辦法來鎮住不死族。我們無法明確斷定，在八到十世紀之間，到底是哪個民族把死者埋在地形突出的死火山粗庫爾姆（Rauher Kulm）山腳下。是斯拉夫人嗎？還是法蘭克人？無論如何，他們的一些首飾是墨洛溫王朝（Mérovingiens）時期的工匠打造的。但是他們民族服飾使用的鬢環[37]則是斯拉夫風格。最可能的解釋是，不論這些早期的莫克斯多夫人如何稱呼自己，他們跟這兩個族群至少都有密切往來。

可惜莫克斯多夫墳地裡的骨頭保存狀況都很差。從前這一定是個很大的墳場。除了一九二一年已經被發現的四十餘個土葬墓之外，二〇〇三年考古學家又發現另外四十個。不過，其中只有二十七個墓的保存狀態讓我們得以描述可能的葬儀。因此特別令人訝異的是，光是這二十七名死者當中，就有六人顯然給遺族造成很大的困擾，以至於被人用特殊的手段

37 掛在鬢邊的鐵環飾品，常常幾個串在一起。

鎮在墓裡。

當中有兩名，分別是十九號墓的一名少年，以及三十七號墓的一名成年男性，是正面朝下俯臥的。少年的腿可能還額外遭到捆綁，因為他的膝蓋靠得非常緊密，是墓葬裡幾乎不會自然出現的姿勢。一名年約三十至四十歲的女性上半身與頭部放置了幾顆大石頭。在仔細研究後，人類學者也找到她被如此處置的可能原因：她的骨盆腔裡，有一具胎兒骨骼。如果她真的是死於難產，那麼她是注定要回來的。畢竟她的性命過早讓死亡終結了。

在其他幾名死者身上，吸血鬼獵人的重點都集中在頭部。三號墓的男性，頭部被摘下來、顛倒方向後再放回墓中。這必定是在他死了好一段時間後進行的，也就是肌肉與肌腱已經不再附著在頭骨上時，因為身體其餘部分的組成都沒有因此受到擾動。四號墓中的女性，頭部也給移開，而且還被一顆石頭壓碎。不過這只牽涉頭骨上半部；考掘者發現她的下顎骨還留在原地。然而最奇怪的處置，是發生在六號墓裡的年輕女性身上。她的骨頭已經被打散到某個程度。跟其他缺了頭部的死者一樣，她的墓也在她死亡一段時間後打開了。可是，這次光把頭轉個方向已經不夠。或許因為陸續又有多人死亡，使遺族感到驚慌，他們取下死者的右前臂骨跟右鎖骨，然後用前臂骨把顱骨叉起來，又讓下顎骨叉在鎖骨上。如此這不死族的下巴就再也不能咬合，不論她在墓中如何使勁也是一樣。

住在今天梅克倫堡—前波美恩地區的奇爾奇潘人[38]，也用他人的骨頭來鎮住疑似的復行者，只比莫克斯多夫人稍晚一些。而且他們還給這種儀式添加了一個新的元素，他們把不死族葬在一個十分醒目的、數千年以來都奉獻給死亡的地方：新石器時代的巨石墓。

他們選中的是一個充滿神話的地點。歷史上人類為喪葬所建立的紀念碑，很少有比新石器晚期的這些巨石墓更顯赫的。誰要是把許多數以噸計的石塊搬到同一處以紀念死者，那他想到的並不只是下一代或者下兩代的時間。會耗費這番功夫的人，是打算在此地留下一個永恆的標記。可惜現代農業與工業過程打亂了這些新石器時代人類的算盤。現代人碰到大石頭擋路，就直接把它搬開。要鋪設道路、興建教堂、港口或其他建設時，巨石墓的大石頭也能派上用場。所以，今天還保存下來的，據估計只有原來的百分之十五，德國境內只剩下大約九百座巨石墓。然而在現代人發明出適當的重機械，好好利用來把這些漂礫搬走之前，巨石墓就跟森林與湖泊一樣，是德國北部與斯堪地那維亞南部自然風景的一部分，作為恆常可見

38 Zirzipanen，魯提真聯盟裡四個斯拉夫部族之一。

的死亡紀念碑。

當奇爾奇潘人在十世紀末葉來到特雷伯爾河（Trebel）與雷克尼茨河（Recknitz）之間地區時，這些巨石墓仍然矗立著。他們在今天的貝倫—呂布欣（Behren-Lübchin）附近的一個湖中島上建立城堡，不遠處就有一群巨石墓。這群墓當中，第一個墓位於老斯塔索夫（Alt Stassow）與格拉莫夫（Grammow）之間的森林邊界上；考古學家在這裡找到兩具屬於十一或十二世紀的骸骨。在埋葬這兩人時，這新石器時代的巨石墓室遭到了一些改動。巨大的頂蓋石以及原先擺設的其他巨石，現在明確改為唯一用途：只為了壓住這兩具骸骨。其中之一的臉上橫放了一根別人的大腿骨。不過這種鎮鬼手段不限於斯拉夫人使用。二〇〇九年在下薩克森奧爾登多夫（Oldendorf）的聖馬丁教堂（St. Martin-Kirche）地下，出土了一處疑似屬於兩個索命鬼的十二世紀墓葬。第一名死者的下巴下方，放了一根別人的大腿骨。而他自己的大腿骨則被取走，用於另一個年代較晚的墓。第二名死者也同樣很可疑，因為他的下巴下方以及嘴巴裡，各放置了一顆石頭。

旁邊另一個巨石墓裡的死者，則用上了更徹底的手段。這名死者跟前面兩人同樣來自湖中城堡的時代，同樣被大石鎮住。不過他的頭上並沒有東西，事實上，原本應該是頭的部位已經空無一物。因為有人把他的頭徹底敲碎了，並把碎骨頭任意撒在整具屍體上。

我們並不清楚新石器時代被葬在裡面的是誰。我們只知道，在用來埋葬湖中堡的不死族之前，這些作為死亡紀念碑的巨石墓，已經在這片地景上，存在四千到四千五百年之久。它們一直是為死者而建的所在，從來不是活人使用的地方。只要巨石仍留在原地，沒有人會在那裡蓋房子、建學校，或設置一座游泳池。在此處生活且喜愛生命的人，都知道要敬而遠之。我們的本能以及避禍反射，讓我們自動與巨石墓保持了適當距離。

✠ 一個縫都不要留：維京人的不死族

維京人在處理死者時也會大費周章。有些維京人，比如在挪威的奧色柏格農場（Oseberg-Hof）或高克斯塔（Gokstadt），會把死者連同他們的船一起埋葬。另一些則堆起巨大的墓塚，比如在丹麥的耶靈（Jelling）或在瑞典的烏普薩拉（Uppsala）。維京人的神話與傳說充滿不死族；考古學家也能證明，對復行者的恐懼對維京人而言，是一種沉重的壓力。維京時代的斯堪地那維亞地區，至少有十處墓葬用巨大石頭來鎮住死者。當中大多位於丹麥，不過瑞典與冰島也有這類案例。

一九八一年，丹麥考古學家在耶德魯普（Gerdrup）城市附近發現了一座特別有趣的墓塚，地點是羅斯基勒狹灣（Roskilde Fjord）昔日一個分支的沙脊上。墓塚裡躺著兩名死者，一男一女。男子是吊死的，如他扭曲的頸椎所顯示。他背朝下躺在墓穴裡，雙腿連同膝蓋輕微向外曲彎。這種姿勢並不自然：他的兩腳可能是綁起來的。另一名女性同樣以背朝下的姿勢躺著，但是有人把兩塊很大的石塊滾到她身上，把骨頭完全壓碎了，一塊壓住胸口，另一塊壓住右腿。第三塊大石頭就靠在她臀部左邊。

兩人身上都放了一把小刀，男子的在胸口上，女子的在腰部一個小針線盒旁邊。考掘者在兩人之間找到羊的頭骨。然而，最隆重的陪葬品是靠在女子右腿邊的一根鐵製長矛，矛尖朝下，這是很不尋常的。如果長矛是戰士的陪葬品，那矛尖總是跟他生前使用時一樣，是朝上的。

但是特別古怪的是兩人手的姿勢。男子右手放在右側鼠蹊上，左手放在他的骨盆下。相對的，女子左手蓋住其生殖部位，右手則被移到骨盆下方，與男子正好成鏡像相反。熱舒夫大學（University of Rzeszów）的考古學家萊謝克·加德拉（Leszek Gardela）表示，這項考古發現，可能證實了一種儀式，無論是維京傳說，還是伊本．法德蘭旅行日記中一個十世紀的維京人葬禮，都提到了這種儀式。也就是說，維京人害怕惡靈會從人身體的開口鑽入身體。所以身體的孔穴必須仔細封起來，而且不只呼吸道，就連生殖部位與肛門也需要蓋住。

如阿拉伯旅行者伊本．法德蘭所描述，死者的兒子用手捂住自己身體的開口，同時用火點燃父親的船，船上所有動物與人類跟著陪葬：「酋長之子拿起一塊木頭，將它點燃。然後他以臉朝族人、背朝船隻的方式倒著向船走，一手拿著那塊木頭，一手放在背後蓋住肛門。而且他沒穿衣服。以這樣的方式，在被殺死的女奴放到主人身邊後，他就用火讓船的每一面支架都燒起來。」

有趣的是，在伊本．法德蘭的描述裡，維京酋長在火葬之前，看起來並不像死透之人，儘管此時他已經在土裡躺了十天之久：「來到他的墓時，他們先把所有的土挖開，露出木頭，然後再把全部的木頭移除。之後再把死者所穿的衣服脫掉。我要指出，由於當地天氣寒凍，他已經全黑了。他們之前在墓裡放了啤酒、水果與一把曼陀林給他，現在又全部取出來。很奇特的是，死者完全沒有臭味，而且除了皮膚變成黑色之外，也沒有任何改變。接著他們給他穿上褲子、褲罩、長靴、腰帶，以及一件用狄巴克[39]製成、有金鈕扣的外套，拿一頂用狄巴克與紫貂皮製成的小帽戴在他頭上，並把他搬到帳篷裡；船在帳篷中已經架好。他們再把他放在軟墊上，用一個枕頭撐住他的頭。」

考掘者加德拉在看到耶德魯普這兩名死者奇怪的手臂姿勢與手掌位置時，就想到上面這段描述。這兩位也是用自己的手蓋住他們身體的開口嗎？不只如此：也許用繩索絞死以及石塊重壓，目的也在封閉身體所有的開口。男子的咽喉被絞索封死，這樣一來，就沒有惡靈能經過氣管，進入他的身體。女子胸口壓著的石塊，一定也牽涉到抑制呼吸。

在朗厄蘭島（Langeland）柏格威（Bogøvei）一處維京時代的墳場裡，考古學家也找到一個非常有趣的石鎮死者案例。在編號P的平葬式[40]墓穴裡，死者以正面朝下的姿勢俯臥。這對一個維京人來說很不尋常。他臀部左側有大石頭壓著，左上臂也是。右上臂旁邊以及臉旁還有其他石頭；這些很可能是從原先壓在身體上的位置滑下來的。然而，這裡還有第三個令人訝異之處。考古學家在男子右小腿旁邊，發現一把小刀。但小刀不是單純放在那裡，而是被大力丟進墳墓的，以至於小刀筆直插在土裡。這或許是一種魔法的儀式，表示死者由此獻給了奧丁大神。

這個墓並非位於中央，而是在墳場靠南的區域。還有另一個不尋常的墳墓也在這附近。死者是一名介於三十到四十歲之間的女性。墓穴雖同樣是平葬式的，但是以八十四乘以二四〇公分的尺寸來說，是不尋常的長與寬。死者本身的長度缺了頭部這一段，因為她的頭顱被放在緊靠左膝蓋骨的脛骨上。考掘者還在大腿骨之間，找到她的下顎骨與頸椎，跟一枚貝殼放在一起。

但是，她並不是以這樣的狀態進到墳墓裡的。而是在她死了一段時間以後，屍體已經有相當程度的腐爛時，人們才打開她的墓，把頭顱從原本的位置移到腿上。下顎骨與頸椎可能在這個過程中，從半腐爛的頭顱脫落，連同貝殼一起掉在大腿骨之間（貝殼是死者耳朵常見的配件）。同時，死者脖子上原本圍著一條帶有兩顆珍珠垂飾的項鍊，也扯斷了。一顆綠珍珠留在她的鎖骨上，一顆橘珍珠則滾到屍體一側。之後，墳墓又再度覆蓋——看來這次終於平靜了。

39 Dibag，某種含有絲質的布料。
40 古代葬法，挖坑穴掩埋，地面上沒有墳冢和墓碑。

✠死後成為更高者：權力中心的吸血鬼

時代改變，死者歸向的神明也不同了。不論斯拉夫人、薩克森人，或者維京人，幾乎整個歐洲大陸或早或晚都信奉了基督上帝。現在，人們不再把短劍刺到墳墓裡，但是會用上其他尖利的物品，如同我們鄰國比利時的一個例子所顯示：事件地點是埃諾省（Hainaut）法西安城堡（Château de Farciennes）的一個教堂。今天這座教堂看起來就像恐怖片的布景。屋頂有破洞，二樓的樓層、甚至樓梯都不能走人，地板滿是瓦礫與垃圾。城堡周圍昔日是可徜徉漫步的青翠花園，今天則成了灰暗又令人絕望的工業區。然而，當時這教堂卻是法西安城堡最亮眼的建築。一六六七年，法國太陽王路易十四親臨城堡花園的落成典禮時，據說他曾滿口讚嘆，將此稱為「北方的小凡爾賽宮」。在接下來的幾十年裡，歐洲各地的貴族都在城堡的宴會大廳裡跳舞。然而，接下來這富麗堂皇的景象就崩壞了。在法國大革命的動盪期間，士兵劫掠了這座城堡。從十九世紀開始，堡主逐漸把土地賣給煤礦業者，而這些人要的只是城堡下的土地，對地上的建築毫無興趣。礦坑挖空了地基，城堡的牆面出現了裂痕。城堡也早已無人居住。起先有一間澱粉廠進駐，不久後又改建成一間農莊。那昔日供王侯與公爵跳舞、歡笑的大廳，此時卻成了乳牛與肉豬的住所。

大約在一八五一年這個時候，城堡教堂得拆除了。當營建工人要把破敗的牆面推倒時，他們發現在內殿下方有五個木製棺材的殘骸。據說不是依照基督教的方式以面朝東的方式擺放，而是正好相反。在沙勒羅瓦（Charleroi）考古學會年鑑裡記載著，每一個棺材蓋上都釘了一根很長的鐵釘，位置就在死者胸口正上方。五根鐵釘裡，有三根較長，兩根較短，後者或許是針對孩童。當中兩根釘子，一長一短，由沙勒羅瓦考古學會的博物館收藏。可惜今天鐵釘已經找不到了，但是年鑑上的描述非常詳細。長釘有六十八公分，較短的孩童釘也還有四十九公分。後者還有兩個記號，其中之一可以讀成希臘文字母 Omega，或者讀成數字三。撰寫此報告的考古學會副主席 J．凱辛（J. Kaisin）則認為，那只是鍛造這根釘子的鐵匠之落款。

後來，許多作家為那些鐵釘杜撰了各種光彩亮麗的故事。有的說死者是匈牙利侯爵卡羅伊．約瑟夫．鮑賈尼（Károly József Batthyány）、他的妻子瑪莉亞．安娜．芭芭拉．馮．瓦德史坦（Maria Anna Barbara von Waldstein），以及他們的小孩。有的更說，鮑賈尼是羅馬尼亞的弗拉德．采佩什伯爵（Vlad Tepeș），就是布拉姆．斯托克的小說人物德古拉伯爵的歷史藍本。然而，不管故事編織得再好聽，但是要說有羅馬尼亞血統的貴族，把吸血鬼信仰帶進信奉天主教的比利時，這是不可能的。卡羅伊．約瑟夫．鮑賈尼本人是在維也納壽終正寢。而且儘管他有十二個小孩，但只有兩個是來自他第一任妻子瑪莉亞．安娜．芭芭拉．馮．瓦德史坦。不過我們完全不需要這段匈牙利故事，就能確認法西安的鐵釘是非常迷人的考古學證據，足以證明這就是我們所知的吸血鬼信仰。因為無論如何這些死者一定是比利時貴族，而且咸認會以吸血鬼的形態回來找人，以至於人們採取了相應的措施來使他們無法為害。變成吸血鬼的命運可能落在任何人的頭上，無論他是窮或富，是農夫還是貴族。

總之，在捷克小城波希米亞的克魯姆洛夫（Böhmisch Krumau）是兩種都有：那裡有貧窮的跟富裕的吸血鬼。前者，二〇〇〇年時考古學家在普萊希韋茨卡街（Plešivecká-Gasse）四八一號與四八二號房屋之間找到一些。這裡出土了十一座墳墓，年代在十七與十八世紀。然而其中只有七座符合基督教東西向的葬儀。三、八、九與十一號墓的骸骨是南北向，而且這不是克魯姆洛夫居民認為他們是不死族的唯一跡象。三號墓的女性，本來應該是頭顱的位置，只有一小堆石頭。頭顱則被放在她的膝蓋骨之間，同時嘴裡還塞一塊石頭。人類學家帕維爾．庫巴萊克（Pavel Kubálek）仔細檢查了這名女性的頸椎，並未發現任何暴力切除頭部的跡象。既沒有銳利刀刃的切面，也沒有遭強力扯斷的頸椎。很可能頭被移開的時候，屍體已經大部分都成為骷髏了，所以頭部可以輕易拿下來。她雙手的姿勢也很古怪：雙手在大腿骨上交錯。考掘者在她的腕骨間發現了一些玻璃珠，很像是從一條項鍊留下來的。當時有人用一條十字念珠把死者的雙手捆綁起來嗎？

八號墓中，那名大約三十至四十歲的男性，也是以頭朝北的方向安葬（而且這次頭留在正確的位置上）。他的遺體一度曾有以鐵釘固定的木製棺材保護。等到木頭朽壞、最後崩落時，鎮在棺蓋上的沉重石頭就壓到他身體左邊。九號墓中，大約三十至四十歲的男性也被克魯姆洛夫居民擺上沉重的石頭，以防止他離開墳墓。人類學家庫巴萊克對他生前的外觀，做了大概的推測：身高相對矮小，只有一百六十公分，嘴裡總是叼著一支菸管；左下第二門齒與犬齒，以及左上第二門齒與犬齒間，有嚴重的磨損，顯示出過度吸菸的痕跡，因為那是由直徑約一公分的圓柱型物件磨出來的，顯然是一根菸管。十一號墓沒有完全挖出來，當中的死者也是以頭朝北方埋葬。

考掘者在市政廳的檔案裡找到線索，知道了埋在這些墓裡的是什麼人。在十七世紀上半葉裡，克魯姆洛夫的路德派信徒，就在這塊田地上埋葬他們的死者。大約一百五十年後，這塊地再度用來當作墳地，這次是埋葬士兵。因為在一七七九年前後，當地的約翰．巴爾費雪

（Johann Balfisch）兵團顯然死了太多士兵，以至於聖馬丁教堂旁的墓園無法完全容納。於是，就有人想起這個新教的墓地；此時，這塊地上一直還零星站著幾塊舊時代的「路德派墓碑」。人們把一半的地改獻為天主教的軍人墓園，另一半則重新容納小城的新教死者。三號墓裡的女性肯定不屬於巴爾費雪兵團。八號與九號墓的男子則必定是身經百戰的勇士，因為他的骨頭有很多骨折癒合的痕跡。所以這兩人很可能真的是軍人。

但是，在社會階級的另一端，情況又是如何呢？在克魯姆洛夫的貴族墳墓裡，也有吸血鬼嗎？二〇〇七年，維也納傳播學者賴納・柯博（Rainer Köppl）在他拍攝的紀錄片《吸血鬼公主》（*Die Vampirprinzessin*）中的推測是：有。這部片是關於伊萊奧諾蕾・伊莉莎白・亞瑪莉亞・瑪格達萊娜・馮・洛布科維茲（Eleonore Elisabeth Amalia Magdalena von Lobkowitz）；她結婚後成為施瓦岑貝格女侯爵（Fürstin zu Schwarzenberg）、克魯姆洛夫女公爵（Herzogin zu Krumau），以及蘇爾茲女伯爵（Gräfin von Sulz）。跟施瓦岑貝格家族是不能開玩笑的，這一點從他們的家徽上就能看出來。上面充滿了暴力的符號：徽章中心有個引人注目的土耳其人頭顱，一隻脖子上有金項圈的烏鴉正啄出他一隻眼睛，旁邊還有一把燒紅的斧頭。

當這對年輕夫婦遷入克魯姆洛夫的城堡時，起先一切都非常愉快。新統治者充滿熱情地整修與擴建城堡，並在全新的宴會廳裡舉辦華麗的慶典，這個城堡是捷克境內僅次於布拉格城堡的第二大歷史建築。伊萊奧諾蕾與她的先生都喜歡打獵。結婚五年後，終於傳出了好消息：伊萊奧諾蕾懷孕了。然而，她沒能生出熱切期盼的長子繼承人，而是生了一名女孩，這必定讓她非常難受與失望。而且，看來這位小瑪莉亞・安娜（Maria Anna）將是唯一的小孩。女侯爵嘗試了一切辦法。柯博在紀錄片中宣稱，她最後甚至還養狼，以便擠狼奶來喝；據說這是生男孩的偏方。然而這種傳說有多大的真實性，在此不予討論。光是要給一隻溫馴的寵物狗擠奶大概就已經是極難辦的事情了；一隻野生的母狼更不可能乖順擺好姿勢讓人取奶吧？

不論伊萊奧諾蕾做了哪些嘗試來求一個男性繼承人，在一七二二年，她已經四十歲的時候，隨著約瑟夫一世，也就是施瓦岑貝格侯爵的誕生，她終於成功了。但是她有沒有用不正常手段呢？這是個在歐洲仍有女性因行使妖術的罪名，在火葬堆上被活活燒死的年代。柯博非常確定，至少在克魯姆洛夫，人們會竊竊私語，說女侯爵一定是用了黑魔法才成功懷孕。

這家庭幸福維持得並不久；亞當・施瓦岑貝格（Adam zu Schwarzenberg）沒能看到兒子長大。當約瑟夫十歲時，施瓦岑貝格侯爵在一次狩獵活動中，被一顆子彈打死了。射擊者不是別人，正是神聖羅馬帝國皇帝卡爾六世本人；施瓦岑貝格侯爵不慎踏進他的射擊範圍裡了。滿懷內疚的皇帝把年幼的約瑟夫帶回皇宮內照顧，並從此向喪夫的寡婦支付每年五千金幣的年金。但這筆錢完全不敷使用，因為患了疑病症的伊萊奧諾蕾花了不計其數的金錢請醫生與買藥。她訂購的大多是止痛與緩解痙攣的藥物。然而，有些藥品讓人費解。比如她要買蟹眼石（Krebsaugen）、獨角獸或鯨腦油做什麼？

無論如何，那些頻繁進出克魯姆洛夫城堡的各路醫生，讓伊萊奧諾蕾越來越沒有血色了。除了蟹眼石與鯨腦油之外，當時的萬靈處方也一直派上用場：放血。女侯爵不只外觀越來越像吸血鬼，而且還為失眠所苦。每天夜裡她都心神不寧，在各個廳房之間漫無目的遊走，然後白天整個人顯得虛弱且無精打采。在伊萊奧諾蕾最後幾年常常召見的醫生當中，有一位是皇帝的御醫法蘭茲・馮・葛爾斯多夫（Franz von Gerstorff）。他不只是執業的醫生，而且還領導好幾個針對吸血鬼事件的調查委員會。最後，女侯爵下腹長出了一個巨大的腫瘤，結束了她的性命。伊萊奧諾蕾死前不久，還前往維也納求醫，但是那邊也沒有人能救治她。一七四一年五月五日，昔日意氣風發的女獵人與世長辭，此時只剩下一道蒼白的殘影。

葛爾斯多夫提出申請，要立即解剖屍體。對於當時的貴族來說，這是很不尋常的措施。

柯博猜測，這解剖會不會只是表面的藉口？實際上，是不是為了讓死後成為吸血鬼的伊萊奧諾蕾不能害人，所以要把心臟從胸腔中取出？要把頭顱鋸斷？無論如何，女侯爵死亡的當天夜裡，一輛載著棺材的馬車就從維也納出發，一路趕回克魯姆洛夫；六天之後，她就葬在聖衛茲教堂（St. Veits-Kapelle），而且葬禮在半夜舉行。葬禮當天，悼念的隊伍直到天黑後才離開城堡，前往教堂。她在維也納家族墓室裡的位置則一直空著。

到目前為止，還沒有人研究過這位「吸血鬼公主」的遺骨，但是考古學家曾對埋葬所在地做過地底雷達探測。他們發現，地下有一個耗費不貲的拱頂，棺木被實實在在封於地底下。而且好像這樣還不夠似的，墓穴入口還蓋著一塊數噸重的石板。然而，今天教堂的參觀者完全看不到這些東西，因為石板上又鋪著紅色的地毯。

即使生前屬於社會頂層，死後人們一樣會害怕他們回來，而且這種恐懼很早就有紀錄。我們在哈爾施塔特（Hallstatt）時代早期（西元前六世紀最後三十年間）的凱爾特人這裡，看到一名地位顯赫的不死族，就是斯圖加特附近霍赫多夫（Hochdorf）的「君王」。能找到他的墓是獨一無二的好運，這座墓不只從未遭盜墓者劫掠，像其他許多同時代的墓塚那樣，而且陪葬品的保存狀態也非常完好，從精心製造的金屬工藝品到貴重的織品，就連器皿的內容與花卉裝飾都留存下來。

這名死者是誰？以身高一百八十七公分來說，他無論如何真的是巨人。而且二十二平方公尺大的墓室裡的物品，顯示出他擁有難以估計的財富。他用餐與飲酒的器具數量足供九人使用，其豪闊程度幾乎讓物品無法使用。一點二公尺長的鐵製飲酒角器，一個人得多強壯才能抬得起來？更何況當裡面裝滿五點五公升的啤酒、葡萄酒或蜂蜜酒？他的座車是一輛四點五公尺長的雙駕馬車，由大約一三五〇個組件構成，而且全部以鐵皮裝飾包覆。如果今天有人拿一部法拉利當陪葬品，跟這位「君王」獨一無二的豪華座車比起來，幾乎也要顯得毫不起眼了。死者躺在一張巨大有靠背的床。床上精細打磨過的青銅片從前一定像黃金一樣閃亮，而且這座床能滾動，它的八隻腳是帶輪子的小雕像。也許配備輪子是有原因的。因為通常來說，早期凱爾特君主埋葬時都是躺在座車上，而不是在床上。至於為什麼這位霍赫多夫「君王」的餐具要放在座車上，自己卻躺在有輪子的床上，就大概永遠沒人能知道了。

當考古學家一件一件考掘這些奢豪的陪葬品時，他們注意到有些地方不太對勁。當初座車放進墓室時，有人動了手腳，像要確保再也沒人能駕這輛車出去：將輪子固定在輪軸上的軸釘與釘帽被取下來了，放在車身上。而且，雖然墓中一切都顯示這個人的葬禮準備得很精心，但是兩副馬的轡頭卻交換了：右邊的被放在左邊，左邊的被放在右邊，而且韁繩也互相纏繞。同時，死者穿戴的飾物也有些蹊蹺。黃金的頸箍被切開，壽衣衣襟的別針是打開且折彎的，最後，就跟轡頭一樣，護腳也交換了：左邊的放在右腳上，右邊的放在左腳上。

馬的轡頭放錯也許還能用不小心來解釋。但是，所有這些細節加總起來，就不可能是偶然。這裡有人想要使某種東西無法危害，或者要阻止它離開墳墓。最後還有一項安排可以作為證據；這是其他凱爾特丘形墓塚從未見過的：在墓室上方有人堆了五十噸的石頭與木材結構，顯然是要永遠把墓穴封起來。也許就是多虧了這個石造的保護層，從來沒有盜墓者找到進入墓穴的辦法。但也許只是因為從來沒人敢這麼做。其他凱爾特君主的墓塚常常過不了多久就又被清空，但是盜墓者顯然都遠遠繞開這座墳墓。

下薩克森的斯塔德有個案例，把我們帶回早期中世紀的「黑暗時代」裡。特別黑暗的是在易北威悉三角地帶，因為從五世紀起，這裡大多數的薩克遜人都往英格蘭的方向遷移了，以便跟那裡的盎格魯人一起在島上屯墾。當親族在英格蘭建立最早的王國時，這些最後留在家鄉的人，只是生活在所謂的「區域酋長」（Satrapen）的統治之下。在施溫格河（Schwinge）流經今天斯塔德市葛羅斯頓（Groß Thun）市區的河邊上，有一個被誤稱為「瑞典堡壘」（Schwedenschanze）的城寨，就是興起於這個時代。在當時，它是一座壯觀的建築：橢圓型的木構土牆曾經達到七至八公尺高，今天殘存的也還有五公尺。牆裡最早用到的樹木是西元六七三或六七四年砍伐的，這使瑞典堡壘成為萊茵河與易北河之間，幾個古老的中世紀城堡之一。

瑞典堡壘的居民會把死者搬到大門前一點五公里遠的地方。在那裡，在一條連結遙遠兩地的古道旁邊，有一座墳場，就在許多更古老的銅器時代的墳丘之間。墳場最早的使用時間，可以追溯到六世紀與七世紀，所以甚至比瑞典堡壘開始興建的時間更早。這裡並沒有教堂。相反的，在最早的一些墳墓裡，還有依照古日爾曼習俗堆起的火葬堆。直到七八二年，查理曼大帝頒布《薩克森地區法典》（*Capitulatio de partibus Saxoniae*），以死刑禁止火葬，這個習俗才停止。瑞典堡壘這七十幾個土葬的墳墓，講述的就是一個薩克森信仰抗拒被強制改信基督教的故事。隨著基督教成為法令強制的宗教，墳墓的方位從南北向改成東西向的速度非常緩慢。從七世紀晚期到八世紀的這段時期裡，就有一個復行者的墓還是南北向。在缺乏鈣的土壤中，骨頭能留下的部分太少，以至於無法判斷（不）死者的年齡或性別。不過那三顆大石頭倒是保存得很好：一顆壓在頭部，一顆壓在骨盆，還有一顆壓著他的腳。

✠注定成為不死族：刑場的鎮鬼儀式

然而，並不是只有沉重的石塊、被翻攪的骸骨或鐵製的棺釘，才證明了人們對復行者的恐懼。有時候，光是一個空無一物的墓穴就夠了。並不是因為死者真的爬起來，留下了無主的墳墓，而是因為有人把骸骨遷葬到另一個「較安全」的地方去了。二〇〇七年，已經考掘過哈瑟費爾德不死族的迪特里希．阿爾斯多夫，就找到一個案例。這是一個歷史紀錄非常詳盡的案子，我們對於死亡事件的背景，很少能像對於安娜．斯普雷克爾斯（Anna Spreckels）與克勞斯．邁爾（Claus Meyer）的情況那樣清楚。我們很有理由推測，他們的墓之所以是空的，是因為人們想讓這兩位省去成為復行者的麻煩。

一八三五年，這對戀人在希梅爾普福爾滕（Himmelpforten）小城的城門前，一個特地為此案而設的斷頭臺上，死於劊子手刀下。他們殺害了克勞斯的父親柯爾德（Cord）；因為柯爾德強娶安娜，讓兩名年輕人痛苦不堪。關於一八三五年七月二十四日的處決事件，古老的案卷有相當詳細的描述。紀錄上說，在處決之後，人們把安娜與克勞斯的屍體丟到事先挖好的墓坑裡。阿爾斯多夫在調查場所時，找到了這個墓穴，但裡面是空的。雖然墓穴的邊緣線在地底下可以鮮明辨識，但是遭處決者的遺骸卻沒有絲毫蹤跡。這是怎麼回事呢？在安娜與克勞斯被處決之前的幾個月裡，希梅爾普福爾滕的市民是非常喜歡他們的。老柯爾德是極其惡劣的罪犯與施暴者，這一點人盡皆知。安娜與克勞斯在定讞後，也表現出認罪與懺悔的態度。特別是安娜在希梅爾普福爾滕監獄期間，時常熱切祈禱，不停閱讀宗教書籍。案卷甚至記載了劊子手把她的頭砍下來之前，她最後所說的祈禱。當安娜以清晰且堅決的語調說，死亡對她將不會有絲毫損傷時，希梅爾普福爾滕的居民當時一定有不少人感到背脊一陣發涼：

「我是為永恆而生，
為一個更好的世界而來。
我的生命不會完全消逝，
即便墳墓將我的遺體吞沒。
這個時代對我太過渺小，
我的命運是永生不死。」

在那個年代，地方民眾的迷信仍是根深蒂固。不過幾年後處決謀殺兒童的兇手安娜・布魯默（Anna Brümmer）時，甚至有人拿玻璃杯裝斷頭者的血給癲癇病人喝。這個習俗非常古老，在古代就已經盛行。根據此一迷信，如果患者趁熱喝下斷頭者的血，並且儘可能跑步離開現場，就能治癒他的癲癇症。教會默許這樣的行為，甚至還從中牟利。犯人在被砍頭前的禱告越熱切，他的血療效就越大，可以賣的價錢也就越高。所以，安娜與克勞斯的血一定也提供給希梅爾普福爾滕的病人飲用了。安娜真切的禱告，使她的血變得特別有效，而且畢竟兩人留下的小女兒在雙親死後也要人照顧，非常需要用錢。

在安娜與克勞斯的死刑執行後，以他們受到的同情與喜愛，人們真的會把他們的屍體留在刑臺下嗎？當地人普遍相信，死者需要埋在受過獻禮的土地裡才能安息、才能不至於必須夜復一夜爬出他的墓穴，考慮到這點的話，那麼他們的墓穴之所以是空的，一個至少很可信的解釋就是，希梅爾普福爾滕的居民在事後，很快就偷偷把他們遷葬到教堂墓園的一個靜僻角落去了，以便讓他們免去變成復行者的命運，也為了居民自己的安寧。

刑場通常是一個讓人感到棘手的場所。人們對於要處決的罪犯，並不總是像安娜與克勞斯的案子這樣正面看待。一般來說，被處決的罪犯自然沒有資格在受過獻禮的土地裡得到一個安息之地，而是會在絞刑臺或斷頭臺所在的山丘腳下就地掩埋。然而，因為許多死者埋在未受獻禮的土地裡，所以刑場附近就成了疑似復行者的遊樂場。

比如伯恩就有這樣的問題。「下外」刑場（Richtstätte „untenaus"）是伯恩的兩個中世紀刑場之一[41]，醒目座落在一個當地稱「申伯格東」（Schönberg Ost）的長形冰磧鼓丘[42]上，緊鄰伯恩對外的交通要道。這個名字是來自於其所在位置：它位在伯恩的下城門（unterer Stadttor）以及下門橋（Untertorbrücke）的外面，今天則緊靠著保羅・克利（Paul Klee）藝術中心。二〇〇九年，中心旁要新建一個有十七座公寓，連同道路與公園的市區時，協同的考古學家在鼓丘最高點發現了所謂的「三人絞刑臺」[43]基座的遺跡。他們在基座旁發現一個直徑約兩公尺的圓形墓坑。這是一個輪子坑（Radgrube）：判處輪刑的死刑犯，四肢會先被折斷，絞纏進一個立在坑上、直徑達一人高的車輪輪輻裡固定。

所以要在刑場的墳墓裡辨認個別死者是很困難的。大多數死者都是草草被丟入集體墓坑。因此，遺骨也都隨便擠在一起。再者，死囚在處決後，常常繼續掛在絞刑臺上或絞纏在車輪上一段時間，直到身體腐爛到一定程度，只剩下斷肢殘體還掛在上面。有時候，部分肢體也會給野狗叼走或小偷偷走。既然絕大多數處決場所都設在進入城鎮的主要道路旁，這種長時間曝屍的慣例，就具有很高的警示意味。來到這座城市的旅人馬上就會知道：跟這個城市的人不能開玩笑；從遠處飄來的腐敗屍臭，已經傳達了清楚的警告之意。

所以，當考古學家在「下外」刑場找到九個單人墳墓，而且裡面的骸骨相對完整時，就是一件令人頗為意外的事。其中一位死者是正面朝下的。有人要阻止他離開墳墓嗎？還是劊子手只是隨手把他丟進墓坑，以至於他意外以正面落地，而且沒人在乎？

絞刑臺基座裡的一個墓穴中，有至少四名死者的部分遺骸。至於他們原先是完整個體，還是只是在肌肉與肌腱腐敗之後，偶然從絞索上跌落下來的屍塊，已經無法確認。另外一個墓穴裡找到的十具骷髏則比較完整一點。根據死者的皮帶扣環以及原先用來固定衣著的別針，考古學家能斷定他們死亡的時間是在中世紀晚期。人類學調查的結果顯示，這十人全都是男性，當中許多尚未成年或剛成年。從還沒完全散掉的手臂來看，他們大多雙手反綁著。他們

41 另一個叫「上外」刑場（Richtstätte „obenaus“）。

42 冰河侵蝕推擠後遺留的丘地。

43 dreischläfriger Galgen，一般兩人絞刑臺是兩根柱子一根橫梁，一次可以吊兩人。三人絞臺有三根柱子，上面三根橫梁連成正三角形，一次可以處決三個人。

在被綁的狀態下死去，被埋時也沒有人費心幫他們解開繩索。他們很可能是分別在兩個不同的時間點進到這個墓穴裡的。也許為了某個重要事件或者到了某個特定時間，絞刑臺需要移開，所以上面還掛著的人，不論處在何種狀態，就一股腦兒被扔進這個坑裡了。

第三個墓坑情況也類似。考古學家在坑的邊緣上，發現了一些木樁的洞。也許在坑還沒填滿之前，這些木樁曾支撐著一個木製的坑蓋。然而，到了某個時間點，伯恩人顯然決定把坑封起來比較好。而且他們封得非常徹底：用上了六塊巨大的岩石。這樣便沒有人能從裡面跑出來。

到目前為止，只有非常少的刑場及其所屬的墓地曾經經過考古挖掘。這一點也不奇怪，因為在判處死刑的人身上，你幾乎找不到財寶或其他有意思的陪葬品。畢竟這些人生前很可能就未擁有多少值錢的財物。所以，絞刑臺下只會有乾枯的白骨，而直到不久前，根本沒有人在考古挖掘時，會對枯骨有興趣，遇到了多少都是隨意丟在一邊。二〇一四年，瑪莉塔．吉尼希斯（Marita Geneis）的博士論文以圖靈根邦（Thüringen）阿爾克斯列本（Alkersleben）的中世紀法院為主題；當中，她以最新考古知識對當地刑場所作的探討，是少數早期的這類研究。然而，她大部分也得仰賴一份一九七一年的老舊考古報告，而當時考掘者對刑場只有貧乏的紀錄。

只要看一眼絞刑臺周圍的墳墓，就能清楚看出：阿爾克斯列本的居民對不死族是恐懼的。不過即便沒有這絞刑臺，阿爾克斯列本的小山丘就已經是個讓人毛骨悚然的地方。一部分是因為，這裡向來就是區域內居民埋葬死人的地方。最早的骨頭碎片可以追溯到西元前七六二到前五三八年之間，遠早於絞刑臺的梁柱首度在山丘上豎立起來的時代。史前時代的墳丘在各處都被認為是陰森的所在，當地常會流傳一些相關的傳說。此外，這座絞刑臺更座落在一個交叉路口上。經此地的主要道路是古老的紐倫堡護衛道路[44]，從前商人可以在安全的護衛下，在這條路上從紐倫堡或奧格斯堡（Augsburg）出發，經威爾特海姆（Wertheim）到法蘭克福去參加春季與秋季的商品交易會，到此的旅人一見到絞刑臺總是心生敬畏。刑場旁有一條較小的路與護衛道路交會，由此通往阿爾克斯列本只有一點五公里遠。不過人們一直以來都認為交叉路口是不太對勁的地方。在一個交叉路口旁、在一個史前時代的墳丘上、而且在一個絞刑臺的腳下，如果把非自然死亡的死者埋進土裡，卻不做鎮鬼措施，那麼對於深受迷信影

44 指官方加強護衛、保障旅人行走安全的道路。

響的中世紀居民來說，已經算是絕對輕率魯莽的了。所以，當我們看到阿爾克斯列本的居民採取相應的措施時，也就不必感到訝異。

從總共七十五個墓中，考掘者能確認十二次鎮鬼手段。而且這只計算十分明確的案例，比如用石頭鎮住遺骸，或讓死者正面朝下埋葬。誰知道有多少人在處決前就遭到捆綁，只為了防止他每天晚上跑回來，所以在下葬時沒有解開繩索？或者誰知道有多少罪犯的頭並不是在執行判決時被砍下，而是事後被別人取下來，好教他們乖乖待在墓裡？捆綁與斷頭對於一個刑場來說，是如此司空見慣，所以在這裡不能算作畏懼不死族的證據。

特別醒目的，是十號墓中埋在石頭底下的死者。他的左右兩側各有一大塊貝殼石灰岩，而且兩塊岩石向中間傾倒，壓住他的身體。兩塊大石蓋不到的地方，比如腿部，人們甚至還疊上兩層較小的石塊，最後僅露出肩膀與頭部。瑪莉塔．吉尼希斯指出，這名男性的墓屬於絞刑臺山丘上年代最早的一群，約在十二或十三世紀；當時還沒有官方僱用的劊子手。這種職業是在十三世紀中才出現的。在那之前，殺死一名死刑犯的人選有好幾種可能性。在某些案件裡，法庭會允許提告人親手終結被告的性命，或讓其他願意的人在收受酬勞後來執行。如果找不到人自願負擔這項任務，那就要由最近一個新婚的男子來執行判決。然而，在一些流傳下來的案子裡，新婚男子的工作減輕了很多，因為他只需要把繩圈套在死囚的脖子上，然後把繩子交給所有有出席法庭義務者一起來拉。無論如何，在那段古早的時期裡，並沒有全職的劊子手，而是必須由一般平民來把被處死的罪犯送上黃泉路。相對的，他們也會特別恐懼，就怕那個死者回來找自己報仇。

十八號與十九號墓的死者是同時埋葬的，兩人胸口上都有一塊沉重的石頭。不過，原先的情況很難重新建構。當考掘者發現他們時，十九號墓死者的上半身躺在十八號墓死者的右腿下方。此外，前者的膝蓋大幅彎曲，頭也不在應有的位置，而是滾到一旁去了。五號墓的死者一樣在胸口的位置有一顆石頭鎮著，二十六號墓的年輕女性原本臉上也被壓了一顆石頭，但已掉落在旁邊，如考掘者所發現。二號墓的男性死者同時被多顆石頭鎮住。他不只胸口與額頭上有石頭，嘴巴裡也另有一顆。雖然種種跡象顯示他是死於絞刑，但是他得到允許可以保留一點點個人財產：一顆陶製的彩色球以及一粒骰子。

如果死者躺臥姿勢背離一般葬禮習慣（以此案來說就是背離東西向正躺），那麼要確認有鎮鬼儀式就困難一點。不過，十一號墓的年輕女性的情況就相當明確。因為她除了正面朝下之外，同時背上還壓著一塊沉重的石頭。特別有意思的還有三十至三十三號墓中的死者。他們全都躺在同一個坑裡，而且當中三人的正面朝下。埋葬他們的人或許想要一次杜絕所有風險？

三十四號墓中的女性是否真的死於處決，並不完全明確。說到底，她是死於頭部遭受重擊。然而，不只她的頭顱，其他一些骨骼也呈現斷裂狀態，還有幾根已被燒焦：她比較像死於一場災難。也許她之所以不能葬在正常的墓園裡，是因為她是短命慘死，因此下葬後注定要回來找人。無論如何，她是讓人倉促草率掩埋的。就像四十一號墓以正面朝下埋葬的女性一樣：她死於絞刑，死後也一直被繩索綁著。

從十世紀一直到十四世紀，附近區域內的罪犯都在阿爾克斯列本的絞刑臺上喪命。這是一段很長的時間，死者也非常多。當中許多人沒有留下絲毫蹤跡。也許在能下葬之前，動物就把他們的骸骨叼走了，有時候，江湖郎中也把罪犯的屍體用作各種靈丹妙藥。不管怎樣，阿爾克斯列本的居民認真相信這些絞死、受輪刑、被斬首的人，很可能在死後重新回來，這一點是很引人注意的。儘管清理這種已經嚴重腐爛的屍體必定是很可怕的工作，但是阿爾克斯列本的掘墓人仍然細心擺放這些斷體殘肢，或者從他處運來石頭，以便把他們壓在墓穴裡。

相反的，在波蘭的格萊維茲（Gleiwitz），人們對處決的罪犯就沒有這麼費心。他們似乎只知道一種辦法來讓這些人永遠不能害人，那就是把他們的頭砍掉。二〇一三年在卡托維茲（Kattowitz）一個環市道路興建工地裡，文物保護局的首席考古學家亞采克・皮耶扎克（Jacek Pierzak）率領一群考掘者在緊急考掘中找到四名死者，全都是頭顱被砍下來放在雙手或雙腿之間。他們先是大略猜測，是不是挖到一個「吸血鬼墓園」了。不過，這只是開端，接下來一共挖到十七名這樣的死者，而整個墓園只有四十三個墳墓。部分遭斬首的死者甚至還額外放上石頭壓著。所以無庸置疑，躺在這裡的吸血鬼比例比任何其他已知的地點都還要高。顯然附近一定曾經有過一個刑場。這可以解釋，為什麼格萊維茲的居民把如此多死者的頭砍掉。可能真的曾經有斷頭鍘在這裡起落過一些時日。然而，人們為什麼不把砍斷的頭放回死者的頸子上，而要置於雙手或雙腳之間？也許居民是這麼想的：能保險就保險一點，這樣他們一定無法回來。另一方面，要判斷這些骷髏的年代就比較困難。就像典型的受刑人一樣，他們都沒有陪葬品，使年代的判定缺乏有力的證據。不過，這些死者大概全都是十五或十六世紀的人。

所以如果不想碰上吸血鬼的墳墓，就最好遠遠避開昔日的刑場。只是因為與死亡緊密連結，刑場就理所當然容易傳出鬧鬼故事。當我們靠近這樣的地方，會全身感到寒毛直豎。「死神就在此地，」我們的潛意識會對我們如此耳語，「小心一點吧！」我們感官會更敏銳，我們的身體會下意識準備逃離。在一個死神曾經徘徊的地方，對死亡的記憶很長時間都不會消失。

✠ 一定都是吸血鬼嗎？還有其他解釋

人類生活裡，幾乎沒有一個領域像死亡一樣，是受到如此嚴密規定的。雖然在一個健康、運作良好的社會裡，每個成員都有許多個人行事的自由，但是在他過世後，可以違反常規的空間卻非常有限。每個人也許可以照自己的意思蓋房子，但是他的墓卻必須遵守嚴格的規定。就算在今天，在我們這個個體主張享有很高地位的時代，隨便拿一本公墓法規來讀，都會讓人感覺窒息。墓碑必須符合規格，不能有一公分的差錯，連能種什麼植物也都管得很緊。在這樣細密的規範之下，任何背離常規之處都會讓人起疑。死者不尋常的躺法、被石頭壓著，或者屍體被釘子或木樁釘住，這些現象即便可以有不同的解釋，但在絕大多數的情況下，絕對不是偶然。大多時候背後都是有用意的。

最顯見的情況是死者身上放置了大石頭，因為要搬動這些石頭，需要使出不小的力氣。

田鼠、狐狸或獾都不可能帶來這些石頭。當一位考古學家在骸骨上看到這樣一顆石頭，他首先會觀察墳墓周遭的土壤性質。四周的土地裡有其他大石頭嗎？有的話，那麼這顆石頭有可能是在挖掘墓穴時出現的，然後被掘墓人在回填土方時再次推了進去。但如果周遭沒有其他大石頭，那這石頭就可能是從一段距離以外的地方運過來的，並且被故意放在屍體上。即便有多顆石頭放在幾個特定位置上，比如頭顱、胸口或雙腳，都很可能顯示背後是有意圖的。考古學家這時會觀察，石頭是否確實就放在屍體上，還是石頭與骨頭之間仍存在一層薄薄的土。石頭越是直接壓在骨頭上，就越可能表示其目的就是要壓住屍體，而不是用來填滿墓穴。

如果死者不是被一、兩顆石頭壓著，而是用一整層石頭蓋住，情況就又不太一樣。這時我們也可以設想，是不是有人想保護屍體，使其不至於有部分被動物叼走。這時考掘者就得決定，哪一種解釋比較可信。比方說，如果墓穴挖得夠深，那麼死者就算沒有一層石頭蓋著，也仍受到足夠的保護。特別是如果牽涉到很重的石頭，那就更不像是為了防備動物了，因為要達到相同目的，有比搬大石頭更不費事的辦法。

事實上，骸骨的一些擾動真的可能是動物造成的。像獾就是一種極其喜歡秩序的動物。牠們總是儘可能把巢穴收拾乾淨。也就是說，牠們會把一切妨礙到自己的東西從巢裡清出去。

好比說，人類的遺骨。有個案例是二〇一二年秋天，在布蘭登堡的施托爾佩（Stolpe），有一隻獾表現得就像考古學家。牠挖到一具中世紀時代的遺骨，並且把骨頭丟棄到洞外的廢土堆裡。兩名業餘考古愛好者在洞穴前發現了人類的髖骨，於是把一個攝影機送進巢穴裡，想確認裡面有沒有更多可以發現的東西。事實上，這隻動物顯然只把骨頭丟到洞外，卻把寶貴的首飾留在巢裡：牠挖到的是一個斯拉夫王侯的陵墓。

然而，小動物也能把骸骨明顯弄亂。當骸骨的胸腔骨頭亂成一團，要如何判斷這是吸血鬼獵人在撈取心臟時所為，還是一隻田鼠的傑作呢？我們就要看骨頭表面是否有細小的刮痕。田鼠的牙齒與爪子留下的痕跡，跟銳利的刀刃或糞叉的尖齒所造成的損壞有明顯的不同。

人類學家能從骨頭的斷口看出很多訊息。不只能知道是怎麼斷的，還能解讀出利器從哪個方向砍過來。首先切到骨頭的那一面通常呈現銳利的切面，但是另外一面，也就是刀刃切穿並離開骨頭的那一面，斷口則是粗糙的。當一名死者的頭顱被放在雙腿之間，上述細節可能就很重要。這死者「只是」一個被砍頭的罪犯嗎？或者是一名不死族？差別就在刀刃劈砍的方向。遭斬首處死的罪犯，通常得用臉朝下的姿勢把頭置於斷頭臺上。當劊子手的大刀砍到脖子時，刀刃是從後頸向前方切斷骨頭。但如果是有人要阻止一名不死族作怪，所以切下他的頭，那麼他切的方向通常相反：死者以正面朝上的姿勢躺者，刀口是從上而下將頭分離。

另一個不死族指標是墳墓的方向。如果墳墓的方向偏離了基督教的東西軸線，就會讓人懷疑，是不是要防止裡面一個無法安息的死者出來害人。不過，這裡也有需要注意的地方。墳場上埋葬的死者究竟有多少人信奉基督教？只有在嚴格奉行基督教規範、而且不允許任何例外的地方，才可以把墳墓方向的偏移當成真正的不死族指標。不過，在某些情況下，墳墓方向可能恰恰因為重大的信仰因素而偏離規範。例如說，死者是葬在一個聖壇或特別神聖的聖徒遺骨旁邊。有身分地位的死者特別希望能緊靠著這類神聖設施埋葬，而這樣的空間常常狹小且一位難求。這時候，更靠近聖壇或遺骨一點就比東西向的規範更重要了。

在少數幾個案例中，特別熱切的基督信仰，也能成為正面朝下埋葬的理由。文獻記載裡，甚至有一位非常著名的死者就是如此下葬：他是查理曼大帝的父親矮子丕平（Pippin der Jüngere）。他於七六八年九月二十四日死在聖丹尼（Saint-Denis），據說他死後就以正面朝下的姿勢，葬在當地的修道院教堂裡。這是出於他本人的意願，以便公開展現他的謙卑與對神的敬畏。這種被稱為「俯伏禮」（Proskynese）的敬拜姿勢早在古代的波斯皇宮裡就已施行，在羅馬教會的聖徒畫像中，或東正教的聖像裡也可見到。不管怎麼說，丕平讓自己以俯伏的姿勢埋葬，因為即便在死亡之後，他也渴望繼續懺悔贖罪。不過他這個願望是否真的付諸實現，已經無法檢證。因為一七九三年革命黨人劫掠聖丹尼的王侯墳墓時，丕平的墓就是最早遭殃的一個：王侯的遺骨都被撈出來，然後丟進萬人塚裡了。

曾有人也討論過，一名死者之所以是正面朝下，會不會是因為棺木在葬禮過程中跌落，或因為其他因素遭到嚴重搖晃所致。一九九五年，一群維也納的考古學家就做了實驗，以確認這是否可能。他們從一間棺材製造廠借了一口標準棺材，做了一系列的測試。結果是，他們無法讓棺材中的人體以這樣的方式翻身。最多頭部會歪向一邊，或者雙腳會交叉，但是整具軀體並不會翻轉。那如果是死者主動想要在墓裡翻身呢？因為他被誤判為已經死亡，下葬之後才醒來，所以想翻身用背的力量頂開棺蓋？維也納的考古學家認為，這完全是有可能的。只不過，這種案例就算在監視生命現象的儀器發明之前的時代，也極端少見。因為直到上個世紀中為止，死者在下葬前還會停在靈堂上一段相當長的時間。守靈期間可以長達數日，直到所有朋友、親戚從鄰近或遠方趕來與死者做最後的告別為止。一個陷入昏迷的人，不太可能在沒有醫療手段的支持下，存活這麼長的時間。此外，靈堂通常不設在有冷藏設備的地方，而是在死者家中。所以屍體很快就會開始腐敗，死者身上會有可見的跡象。如果這種現象沒有發生，每個在場的人一定會感到疑惑。所以，我們可以認為，在所有疑似的不死族當中，大概沒有誰是單純因為誤判而遭活埋進土裡的。

所以，一個考古學者可以用下列跡象來辨識不死族：

- 被大石頭重壓
- 墳墓被磚石封死
- 以臉朝下的顛倒姿勢埋葬
- 以頭朝東的相反方向埋葬
- 頭被切下來
- 屍體被木樁、鐵棍或多根釘子刺穿
- 屍體遭捆綁
- 嘴裡塞著硬幣或石頭

這些現象都意味著，有人擔心死者會成為不死族。不過，如果真要理解為什麼遺族會這麼想，我們就得對死者個別的經歷進行考察。這名死者生前的身分為何？他是病死的嗎？他是否跟其他所有人都不一樣？這些問題我們將在下一章讓人類學家來回答。

chapter

6

這些不死族是誰？
——不死族的法醫學

Wer waren die Untoten?
—Die Forensik der Wiederkehr

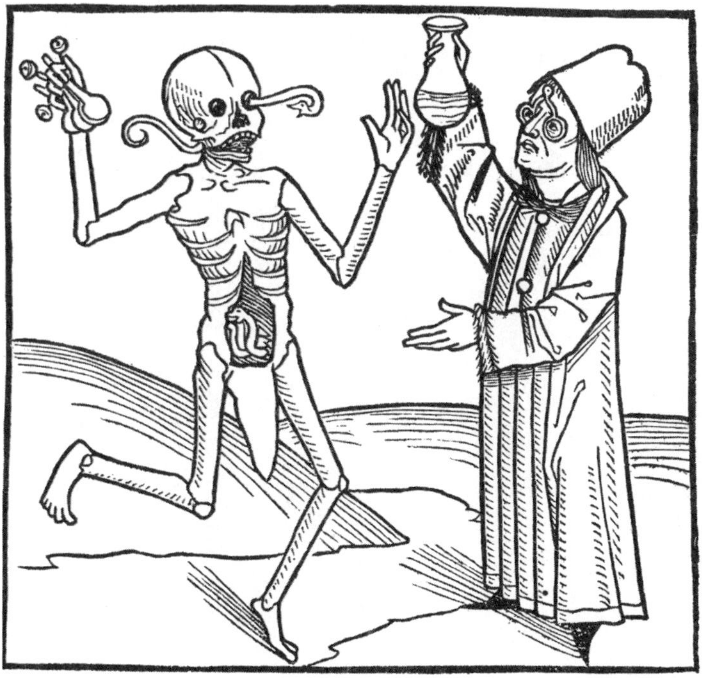

每名死者背後都有故事，有他全部的人生；對每個不死族來說，也是如此。每一個過世的人，如果他的遺族想把他綁在墳墓裡，不會沒有原因。他生前或死亡時，一定發生了什麼事，使他成為可疑的死者。不過，這些在考古上大多無法證明。從骨骸上要怎麼讀出這個人是在聖誕節節期裡出生、所以注定在死後要從墳墓裡爬出來呢？考掘者看不到他的出生日期，能看到的只是骨頭上可能壓著石頭。生前的暴力傾向或好賭成性，也都不會在墓中留下痕跡。還能見到的，或許只是他最後頭被砍掉了。

不過在另外一些案例中，考古學能提供解釋。比如當一個人是死於某種疾病，或身體有某種殘缺，使他有成為不死族的嫌疑，那麼考掘者就不只能在遺骨上看到鎮鬼措施，還能解讀出原因為何。

✠ 患結核病的不死族：JB與朱伊特市的吸血鬼

一九〇五年，當羅伯特・柯赫（Robert Koch）因描述結核病的病原體結核桿菌，而獲頒諾貝爾醫學獎時，諾貝爾委員會所推崇的，是他為終結一種已經襲擊人類數千年的疾病做出了貢獻。不過，隨著病菌的發現，終結的不只是結核病的時代。在人們認識到致病的原因是微生物之後，吸血鬼信仰的一個重要源頭也跟著枯竭了。

結核病舊稱癆病，因為這個名字非常貼切形容了病人的狀態。首先，病人會明顯感到疲倦與虛弱，幾乎沒有食慾，體重直線下降，出現勞累瘦削的現象，所以稱做「癆病」。最後當死亡讓病人得以解脫時，他的身體只剩下一個形容枯槁的外殼。在對結核桿菌一無所知的時代，人們就會想到另外一種解釋：有吸血鬼每天晚上來找這個人，持續把他身體裡的血吸乾了。也許這吸血鬼甚至是他的親人。既然結核病會傳染，一人死後，其他家庭成員或親近的朋友往往很快也跟著遭殃。

結核病如果未經治療，大約百分之三十到四十的病人會死亡。在羅伯特．科赫的發現，以及由此發展出來的防治辦法問世之前，結核病在我們的社會中無處不在。不論年齡、貧富與出身，結核病襲擊所有的社會階層。最著名的患者中有許多作家，包括弗里德里希．席勒（Friedrich Schiller）和法蘭茲．卡夫卡，勃朗特六個手足裡有三人死於此病，此外還有喬治．歐威爾以及羅伯特．史蒂文森。作曲家中，結核病奪走了蕭邦和孟德爾頌的性命。不久之前，每個人在自己的親戚朋友圈子裡，都認識一、兩個有結核病的人，因此也非常害怕自己可能生病，而這正是傳播不死族傳說絕佳的溫床。在一些結核病盛行的地區，有時甚至能造成十足的吸血鬼恐慌。這類案例當中，紀錄也許最完整的一次，是發生在十九世紀中葉的美國東岸。

一九九〇年秋末的一個下午，在美國康乃狄克州格理斯沃爾德市（Griswold）的一個採砂場，三個孩子發現了一些考古證據，讓這場曾在肺結核蔓延時燃起的吸血鬼熱重新為人所知。他們所做的，也只是一般小孩做的事：在砂石場裡玩耍。他們用力衝上砂石坑的邊坡，然後用滑板在陡峭的坡面上全速滑下來。正當玩得興高采烈時，有兩個不大不小的物體突然從邊坡上掉出來，隨著孩子一起滾下斜坡。到達坡底時，他們拿起來一看，頓時嚇壞了：那不是石頭，而是兩顆人類的骷髏頭。小孩立刻通知大人，大人接著請警察來處理。

治安單位一開始往最壞的方向研判，因為在一九八一與一九八四年之間，連續殺人犯麥可．布魯斯．羅斯（Michael Bruce Ross）曾在地方上綁架許多年輕女性，性侵後將之殺害。落網時他承認犯下了八件謀殺案——但是會不會還有其他受害者呢？法醫很快就排除了這個猜測，因為骨頭顯然相當古老。也許孩子發現的是那場重大印第安人戰役的戰場？根據傳說，那場戰爭的地點與此非常接近。被請來協助的康乃狄克州考古中心主任尼可拉斯．貝蘭托尼（Nicholas Bellantoni）在調查了砂石場之後，也很快否定了這個猜想。因為那裡還有其他遺骨，而且或多或少整齊並排躺在顏色深暗的墓穴裡。此外，實驗室化驗的結果也顯示，小孩找到的骨頭並非印第安人的，而是歐洲人的顱骨。小孩是撞到來自舊大陸一個移民家庭的私人墓園。

新英格蘭的土地上，充滿了這種拓荒時期、早已為人遺忘的小小家庭墓園。鄉下地區並沒有公共墓園，所以人們把死者直接葬在家裡，例如在自家農場一個偏僻的角落。這時的生活艱苦，很多人都是年紀輕輕就死去，絕大多數的死者都是孩童。入殮一點都不麻煩：他們給死者穿上樸素的壽衣，放進簡單的木棺，並讓死者的雙手在胸前交叉。

然而，當中兩個墳墓讓貝蘭托尼很好奇。兩個墓都是圍起來的：五號墓的墓穴是用亂石與磚塊砌成的，四號墓則是用大塊的石板。五號墓穴裡躺著一名青少年。棺材上有人用小的黃銅釘釘出「NB 13」的字樣，表示死者名字的縮寫，以及死亡的年紀。照這個規則，四號墓穴容納的就是死時五十五歲的「JB」。貝蘭托尼把覆蓋的第一塊石板搬開時，看到的是一具殘破的紅色棺材，以及死者已經化成白骨的雙腳。一切看起都很正常。然而當他繼續揭開較上方的石板時，看到的景象就不再是應有的模樣。頭顱不在本來應該在的位置，而是放在胸口上；頭顱下方是兩根交叉的大腿骨，就像海盜骷髏旗上的圖樣。胸腔也遭到破壞，肋骨都被絞碎了。

一具新鮮的屍體不可能讓人這樣擺放。沒有人能把一個剛死之人的頭與大腿骨砍下來，同時不在骨頭上留下砍劈斷裂的痕跡。這只有在屍體已經腐爛，皮膚、肌肉、肌腱再也抓不住骨頭的時候，才辦得到。在JB死後，至少還要大約五到十年，才有人打開了他的墓，並重新擺放了他的骨頭。發生了什麼事呢？是愚蠢的少年惡作劇嗎？墓穴的石板是如此之重，以至於不可能有人只為了一個鬼點子或試膽遊戲，而去把它搬開。是盜墓者在尋找有價值的陪葬品嗎？就連最天真的盜墓者也不可能想到來格理斯沃爾德這種窮苦地區的墓園裡來尋寶。最後，有一位同事指點他注意「朱伊特市（Jewett City）的吸血鬼」。

貝蘭托尼開始追查這條新的線索，很快就找到朱伊特市雷伊（Ray）一家的故事。最早的一位是二十四歲的萊謬爾・雷伊（Lemuel Ray），他於一八四五年死於結核病。之後是一八五一年，他的父親亨利（Henry）走了；過了僅僅兩年，他的妹妹愛麗莎（Elisha）也死了，時年二十六歲，同時還有一個弟弟。最後，當一八五四年最年長的哥哥小亨利・雷伊也死去時，其餘家人就決定要有所行動。當地報紙《諾威奇傳訊報》（*Norwich Courier*）報導，一八五四年六月八日，僅存的雷伊家族成員終於找了幾位朋友一起前往墓園。他們把萊謬爾跟愛麗莎挖了出來，當場把半腐敗的屍體燒掉。雷伊家的人所做的，正是他們先人在舊大陸對可疑的吸血鬼所做的事情：把不死族的頭砍掉，把心臟挖出來；而如果這還不夠，那就把他燒掉。報上記載的地點離砂石場並不遠，時間上也跟 J B 的死亡時間相符合。

雷伊一家與格理斯沃爾德的死者之間會不會有某種關係？這位 J B 生前到底是誰？貝蘭托尼至今仍無法找出他的名字。教區記事錄列出了許多以 B 開頭的家姓。J B 是姓布朗（Brown）嗎？還是畢曉普（Bishop）？班尼特（Bennet）？柏納姆（Burnham）？比塞爾（Bissell）？還是姓伯頓（Burton）？無論如何，他一百八十公分的身高是高得出奇，是整座墳場裡最高的。他的牙齒因為嚴重蛀牙，在死時只剩下變色的殘根了，至少僅剩的那幾顆是這樣。左邊的鎖骨曾經斷過，但是沒有接正，所以恢復得很糟糕。左膝關節的關節炎可能使他成為跛腳，而且一定讓他走每一步都十分疼痛。腳的部分也很糟，腳骨呈現許多病變。也許 J B 也染上結核病；他左側最上面幾根肋骨的變化與這個猜測相符。所以他也染上困擾隔壁村雷伊一家的疾病：後者為此不得不把半腐敗的屍體挖出來焚燒。

差不多在雷伊家燒屍體的同一時間，也有人把 J B 的頭砍下來，好讓他無法再思考、感覺與看見東西；並且把他腐爛一半的心臟從胸腔掏出，好使其無法再跳動；以及把他的腿骨拆散，好讓他無法再走路。顯然，那些人是要ＪＢ再也無法離開墳墓。貝蘭托尼找到的，不是連續殺人犯的受害者，而是一隻吸血鬼。這是我們所知道最具體的不死族案例。如報紙所報導，我們知道在死者死亡時，區域內正好有一個吸血鬼恐慌。我們對這個人與他的疾病有不少認識，而且我們有他屍體被摧毀的考古證據。幾乎沒有第二個不死族曾經留下如此詳細的、學術上可以檢驗的圖像。

鼠疫造成的不死族：對抗大量死亡的絕望手段

相較於結核病緩慢的過程，鼠疫致死的速度非常快，而且能同時導致非常多人死亡。在歐洲的人口中心，比如倫敦、漢堡或不來梅，鼠疫的死亡率極端高，在所有居民當中，據推測有超過百分之六十的人死亡。有些地方甚至造成整個區域的人口滅絕。在一三五〇年前後，德國大約有十七萬個居住區，一百年後只剩下十三萬個還有人住。鼠疫流行期間，大城市的墳場常常都不夠用。挖墳坑時沒有掘墓人可以幫忙，許多情況下，也已經沒有健康的家屬可以為死者舉辦正常的葬禮。因此，許多城市轉而設置特殊的瘟疫墳場，讓人可以把死者埋在萬人塚裡。比如考古學家就在東前波美恩縣（Ostvorpommern）的安克拉姆（Anklam）找到一個這樣的墳場，屬於十六世紀上半葉。那必定是個非常悲慘的時代。據安克拉姆的地方誌作者斯塔文哈根（Stavenhagen）的紀錄，一六三八年此地爆發了一次可怕的黑死病流行：「人身上的瘟疫與有角牲口身上的畜瘟都使情況日益悲慘。很少牲口還能站立，而住在城中最佳地段的市民，除了最後的那一部分，全都倒地不醒。」這「城中最佳地段」占了安克拉姆三分之二的人口。

一九九四與一九九七年之間，考古學家在安克拉姆馬市廣場的鋪石路面底下找到的墳墓，驗證了斯塔文哈根的描述。這個墳場並不屬於當地位於聖母教堂旁的主要公墓，而是急難時期的墓葬場，因為當時死了太多人，超過教堂墓園所能容納。死者都是倉促下葬，要麼裝在草草釘成的木棺裡，要麼乾脆只用裹屍布包著。有時候，找不到棺材時，那麼裝進一個附掛鎖的木箱也可以，比如十號墓中的兩個小孩。

在鼠疫肆虐的這段時間裡，對不死族的信仰常常特別強烈。鼠疫的病原體鼠疫桿菌直到一八九四年才被發現。在那之前，對於這種疾病的快速蔓延並沒有科學可驗證的解釋。土壤散發有毒蒸氣，致命的行星組合，或者說死於瘟疫的人極力把家人與朋友拉進墓裡，好像都同樣可信。無論如何，安克拉姆人似乎相信這樣的解釋。由於埋葬過程倉促，許多墳墓都有些差錯跟毛病。如果要準確對準東西軸線的方向，時間往往不允許。所以，八十一號墓中這位大約一百六十公分高的男性死者，就特別引人注意，因為當時埋葬他的人顯然花了相當大的功夫。他的右臂呈向上彎曲的姿勢，手部放在一個大石頭上。左臂伸直在軀體旁，但是手骨不在應有的位置上，而在前臂骨一半高的地方被找到。兩個手腕關節都還插著釘子，目的是把手固定起來：釘子長八公分，材質是鐵。另外一根釘子凸出於右邊髖骨上，將死者的下半身固定在地面上。他的心臟可能也被掏走了，因為肋骨斷了好幾根。然而，最奇特的發現是，有一個木碗罩住他的頭部。這是為了萬一這個人醒來，好遮住他的視線、讓他無法分辨方向嗎？也許安克拉姆的市民相信，用這些手段就能阻止人們繼續大量死亡？

另一個死於鼠疫、令人懷疑會把其他人拉進墳墓裡的死者，是來自威尼斯。而且，這裡的人非常清楚瘟疫是會傳染的疾病。鼠疫最早的一波疫情在一三四八年二月或三月就抵達威尼斯，有幾艘從黑海港市卡法（Kaffa）出發的熱那亞船隻把疾病帶到歐洲了。威尼斯地方誌作者羅倫佐・德・摩納奇斯（Lorenzo de Monacis）描述了瘟疫在城市裡肆虐的景象：「溫和、節制、貞潔、冷靜之人給疾病奪去了性命，就跟酒醉、貪食、酗酒與縱慾之人一樣死亡，還有節儉與浪費的人、大膽與羞怯的人、那些逃走的人與留下的人也同樣病死，全都未經教會的告解與聖餐禮。就連虔誠的神職人員與教士也遭受相同的恐怖襲擊，瘟疫照樣殺死他們。整個城市成了一座墳墓。」

一三四八年的流行病只是恐怖災難的開端。在接下來的數百年間，鼠疫將一再肆虐各地。由於疫情在各地一再重新爆發，一四二三年，威尼斯在老拉查雷托（Lazzaretto Vecchio）小島上，設立了一個隔離站。誰要是呈現了染病的症狀，就必須登上一艘掛著白布的死亡小船，從只有五十公尺之遙的利多[45]出發，被送到小島上，讓島上的醫生照顧這些垂死的人。不過所謂「照顧」更確切的說，只限於檢視病人的狀況。在檢視時，醫生會用棍子來碰觸病人，絕不親手接觸任何人。他們還會穿厚重的外袍做進一步防護，臉上戴著面罩。在這所謂瘟疫面罩的長喙部中，塞著浸過醋與草藥香精的海綿。這些醫生的模樣從此成為城市記憶的一部分：直到今天，在威尼斯的嘉年華會裡，有著長長鳥嘴的瘟疫面罩仍然是最常見的變裝款式之一。

但隔離島沒有發生作用，瘟疫仍繼續猖獗。一五一〇或一五一一年時，在一次瘟疫爆發

45 Lido，威尼斯一條狹長的海灘。Lido在義大利文就指狹長海灘，但威尼斯這道特別有名，已不是通稱，因此音譯。

期間，提香畫了威尼斯的主保聖人聖馬可；聖馬可身旁站著兩位醫生，科斯馬斯（Cosmas）與達米安（Damian），還有兩位瘟疫守護聖人羅胡斯（Rochus）以及塞巴斯提安（Sebastian）。但是瘟疫毫不容情，最後在這位著名畫家的晚年，還是要了他的性命，同時也帶走了他的兒子與助手。提香是一五七六年瘟疫的死者中，少數得到教堂葬禮的一位。

那是瘟疫爆發最嚴重的一次，威尼斯陷入普遍的混亂。提香才剛死，盜賊就洗劫了他的大院宅邸。每天死亡人數達到五百人之譜。老拉查雷托早已容納不了所有的病人，為此在隔壁的新拉查雷托島（Lazzaretto Nuevo）上設的新隔離站，也很快就滿了。人們把一些船隻清空，用纜繩固定在兩座小島岸邊，以便容納更多的病人。據地方誌作者描述，淒厲的喊叫能遠遠傳到利多海灘。一些絕望的病人不想等待死亡來臨，就投入潟湖自盡。精神錯亂的病人在隔離病院的花園裡亂走，然後全身淌血倒在荊棘樹叢裡。「看起來彷彿地獄一樣，」威尼斯的地方誌作者羅科．貝納德第（Rocco Benedetti）寫道，「三或四個病人躺在一張床上。工作人員沒日沒夜收集死人，把他們丟入墓坑中，從未間斷。他們常常把瀕死的人，以及病得太重無法動彈或無法言語的人，都當成死人，並直接把他們丟到死人堆上。」

四百三十年後，佛羅倫斯大學的考古學家與人類學家馬泰奧．博里尼（Matteo Borrini）在老拉查雷托一個十六平方公尺大的範圍裡，就找到了這樣一個死人堆。坑裡骨頭緊接著骨頭，既混亂又複雜。較上層的死者沒有再被驚動，埋完他們後，人們把整個墓坑封起來了。在骸骨之間找到的圓形雕飾，標記了死者死亡的年代：這場瘟疫發生於一六三〇至一六三一年間。然而，當考掘者再往下挖，就遇到另一層年代更老的骨頭。一些骨頭曾被掘墓人的鏟子敲壞。當一六三〇至一六三一年墓坑再度挖開時，這層年代較老的遺體必定已經有部分成為骷髏了。博里尼能證明，他的小組挖到的下面這一層死者，非常可能、或幾乎確定就是一五七六年瘟疫的受難者。

二〇〇六年八月十一日，考古學家來到這塊考掘現場。因為工人挖到不尋常的東西：有個骷髏頭的嘴裡塞了一大塊磚頭。博里尼小心翼翼地把剩下的骸骨考掘出來。至少是骸骨本身還剩下的部分，因為後來的掘墓人把部分遺骸挖壞了，只有上半身與頭顱仍然完好。而且那個時候，當死者從墓坑裡與那些掘墓人面對面時，本身一定還沒有腐爛得太厲害，因為儘管嘴巴塞進了一塊大磚頭，上下顎卻仍維持著從解剖學來說正確的位置。所以在嘴裡塞進磚頭時，上下顎仍由皮膚與肌腱牢固結合著，以至於下顎並沒有因此脫落。

後續的研究顯示，這個頭顱是屬於一名年約六十歲的女性，而且確實死於一五七六年的瘟疫。當掘墓人在五十四年後挖開墓坑，為了埋入新一波瘟疫最早的死者時，墓坑裡是什麼情況呢？很有可能島上飽含鹹水的土壤減緩了腐敗的過程，以至於這名女性在此時一定還保存得相當完好。也許就因為保存太好，所以讓掘墓人以為她是一名不死族？才拿一大塊磚頭塞進她的嘴裡，好阻止她繼續取人性命？我們永遠無法知道是怎麼回事。無論如何，塞磚頭沒有發揮效用。威尼斯在一六三〇年與次年還死了四萬到五萬人，差不多是當時人口的三分之一。

✠ 殘障的不死族：畸形的恐怖

在童話與民間傳說裡，魔鬼常常有個很好辨識的特徵：跛腳。至於殘障的原因，各個地區則不盡相同。在魯爾區（Ruhrgebiet）的民間傳說中，魔鬼非常挫折，因為礦工的靈魂一直都能直接了當上天堂。所以他就去到礦坑，想要親自捕捉一隻礦工的靈魂。然而，他不幸遇到一名爆破師傅。這個師傅給魔鬼設了詭計，用一場大爆炸炸掉魔鬼的一條腿，使得魔鬼只好找一條馬腿來將就。在奧地利的史泰爾馬克（Steiermark），則傳說有一名聰明的農夫和魔鬼訂下契約，出賣了自己的靈魂。但是等時間到了，農夫卻不願意交出靈魂。於是他引誘魔鬼走到一座風車磨坊下面，讓他被風車的扇葉切掉左腿。這時恰好也有一匹馬從旁經過，魔鬼便給自己換上一條馬腿。

在基督教的詮釋裡，魔鬼路西法則是招惹了上帝的憤怒，因為從天國跌下來而摔瘸了腿。關於原因，各方的意見並不完全一致。在〈以賽亞書〉裡，路西法想要勝過上帝，所以被懲罰從天國墜落，如路德的譯文所說[46]：「我要升到天上，把自己的寶座設在上帝的眾星之上；我要坐在遙遠的北方眾神明聚會的山上；我要升到雲天之上，使自己與至高者一樣。」以西結則在他的布道中，把墮落的天使稱為高傲的基路伯，說他「因美麗而心中高傲」[47]。西元一世紀亞當與夏娃的偽經裡，則稱那天使不願意在受神所造的人面前跪下，所以才罰他從天國墜落。在〈以諾書〉裡，一大群天使因為耽溺慾望，所以遭到逐出天國的懲罰。米爾頓（John Milton）在史詩《失樂園》（*Paradise Lost*）裡，讓三分之一的天使對上帝群起反叛，因為他們不

46〈以賽亞書〉十四章十三至十四節。

47〈以西結書〉二十八章十七節。

願意承認天主的兒子。不過所有故事的結局都一樣：上帝讓一名或一群反叛的天使從高高的天國一路跌到地獄裡。

所以在比較未經啟蒙的時代裡，那些一隻腳無法完全使上力氣、或甚至只能拖著一腳走路的人，就顯得有些可疑。如果殘障是生下來就如此，那麼這小孩或許是被獻給魔鬼的。但如果跛腳是出生以後，由於一次傷害造成的，那就可能是上帝的懲罰，以便給這個背離純正信仰與德性生活的人標上傷殘的記號，讓眾人警惕。誰要是跛腳，那一定是有問題。

有趣的是，有為數不少的復行者墳墓所葬的，都是不良於行的人。比如在迪朋湖，柯尼希斯武斯特豪森市（Königs Wusterhausen）的一區，在布蘭登堡的達梅—施普利瓦爾德（Dahme-Spreewald）縣境內，跛腳的人就似乎曾經聲名不佳。這個聚落只在中世紀盛期存在過一段短暫的時間。十三世紀初成立，到了十四世紀中就又已荒蕪。直到再過了四百年，此處才開始又有人類定居。然而二〇〇四年此地居民又得搬走，因為這塊土地成為（後來醜聞不斷的）柏林布蘭登堡機場計畫預定地。在興建工程開始之前的考古調查中，考掘者發現了一個中世紀的墳場，四百二十二人葬在此處，其中二十八人顯然施加了預防措施，以防止他們跑出墳墓。

其中一位死者是約四十至五十歲的男性；在死亡之前，他的右膝曾患有嚴重的關節炎。

這導致他的膝蓋固著在一個彎曲的角度，因此無法正常行走。當他死後下葬時，有人在他頭上放了一顆大石頭。

考掘者發現另一位年約二十五至三十四歲的女性，她的左肩上放了一塊漂礫。她的骨骼上最引人注目的變異是：右上臂骨顯著變短了。這很可能是孩童時期一場意外造成的後果，手臂的生長受到了阻礙。這不是她唯一的病痛，這場意外可能對她的骨骼也造成其他損害。在研究她的骨骼時，人類學家發現一處脊椎骨折癒合的痕跡，以及左膝關節面變形。這受創的身體很可能使她生前在迪朋湖社會裡，一直是個邊緣人，因為她有長期營養不良的現象。

這中世紀墓園也有一個小教堂；考古學家在裡面發現一具骸骨被沉重的石頭壓住。這是一具成年的遺骨，性別不明，腿部的缺損是後天造成的。右小腿骨的主幹上有一塊隆起，是典型由下肢潰瘍造成的，德文俗稱「開口腿」（offenes Bein）。由於潰瘍的影響波及骨頭，所以傷口必定很長時間都又大又深。下肢潰瘍會化膿，氣味難聞，此外大多還非常疼痛，長了「開口腿」的人不可能還能正常走路。我們可以證明，埋葬者之所以害怕這名死者成為不死族，確實跟他的下肢潰瘍有關，因為他們用來鎮住這個人的大石頭，就直接壓在他患病的右腳上。

然而，「在迪朋湖墳場上的死者中，並不是每個只要有骨骼病變的，就一定也被石頭壓著，」人類學家貝蒂娜．榮克勞斯（Bettina Jungklaus）提醒我們，「就像並非所有石鎮的個體都顯現出骨骼病變一樣。疾病顯然不是唯一使死者被石頭壓的原因，即便疾病確實對死者受到的對待有一定影響。」有時候埋葬方式雖然背離常規，卻又不必然代表要防止死者回來，比如一位跟下肢潰瘍的死者一起葬在教堂內部、年約四十歲的女性死者就是如此。考掘者發現她呈側躺姿勢，雙腿彎起，而不是像一般那樣伸直。榮克勞斯檢查她的骨骼時，發現左大腿骨的關節頭幾乎完全缺失。很可能這個關節發炎如此嚴重，造成骨質的溶解。如此嚴重的發炎，必定帶來難以想像的疼痛。榮克勞斯猜測，這位女性死時應該是因為疼痛的緣故，才將腿彎曲起來，後來也以這個姿勢下葬。

然而，不是只有腿部損傷的人才被石頭壓。其他一些能明顯破壞外觀的傷勢或疾病，也能讓人擔心，這人死後會不會試著回來。十二世紀初一名葬在斯拉夫時代晚期墳場的女性就是如此，地點在今天北德的烏克馬克（Uckermark）紐麥喬夫村（Neumeichow）附近。這名女性年約四十五至五十歲，一百五十一公分的身高顯得相當嬌小。因此壓在她頭部與腳上的石塊就顯得特別巨大。「很可能這名紐麥喬夫的女性讓遺族感到十分恐怖，因為她的頭骨上有不尋常的畸形。」檢視這具骸骨的榮克勞斯猜測說。這位考古學家在她頭骨上找到六個骨腫瘤。這類增生組織並不危險，本身是良性而且生長緩慢，很多情況下甚至不會被發現。但是紐麥喬夫這名女性的骨瘤當中，至少有一顆無法不注意到。這顆腫瘤直徑一點三公分，高零點五公分，而且直接長在左眼上方的額頭上。對當時的人來說，她看起來一定像是額頭上要長出角來一樣。

顱骨病變在諾文提安（Növenthien）也引發了居民對死者可能回來找人的恐懼。諾文提安跟紐麥喬夫一樣，也在斯拉夫人的屯墾區裡，而且是在屯墾區的西北邊界上，在漢諾威（Hannover）的文德蘭地區。諾文提安是一個放射狀村落：典型的斯拉夫村落形態，由各家的楔形土地環繞一個圓形廣場排列組成。諾文提安緊靠在德拉文（Drawehn）西側；德拉文是一座冰河時代遺留的山脈，將呂內堡（Lüneburg）草原與文德蘭以及阿爾特馬克（Altemark）地區分隔開來。在這片貧瘠的沙質土地上，斯拉夫的文化與語言維繫了很長的時間。最後一名德拉文波拉比語（Drawehnopolabisch）的使用者死於一七五六年（這語言是種與波蘭文有近親關係的語言），死者是一名女性，享年八十八歲。今天還讓人想起這些斯拉夫人的，是一些聽起來十足陌生的地名，比如瓦德維茲（Waddeweitz）、多馬岑（Dommatzen）、克羅特（Kröte）、迪克法岑（Dickfeitzen），或者托爾斯特凡茲（Tolstefanz）。

從九世紀一直到大約一千兩百年為止，有個斯拉夫部族都把死者埋在這裡。考掘者在一九六五年秋天裡一共找到一百四十五個墓，其中十五個死者的頭部或腳上有大石頭壓著。有趣的是，他們全都位於墳場邊緣。對其中一個編號七十二的墓，諾文提安人採取了雙重措施，來確保裡面的成年男子無法回來找人。一方面，他們在墓坑中央放了幾塊大石頭，另一方面，他們把死者的頭取下來，然後放在他的大腿骨旁。可惜已無法確認這項措施是在死後立刻進行，還是在死者已經腐爛之後，因為一九六〇年代關於骨頭的詳細人類學考察還很稀少。

另外，許多諾文提安的死者嘴裡都放了一枚錢幣。這種辦法常常用於阻止索命鬼：死者將沒有機會吸吮裹屍布，也就無法把其他家庭成員帶進墓裡；他將只能咬嘴裡那塊金屬。比如另外一個小孩子也受到如此處置；她的墓裡有異常豐富的陪葬品。這個女孩年紀不會超過一歲或兩歲，但卻戴著鬢環，穿著裝飾華麗的衣服，其中兩個扣環與兩片有色金屬片保存下來了。然而對考掘者來說，最有趣的是她的頭骨：這名小女孩有腦水腫。

然而，不一定要天生身體缺損才會讓人害怕死者返回。比如一位住在桑茲可夫（Sanzkow）大約四十五歲的男性就是例子。他的年代在十二世紀下半葉，出生時本來是完全正常的孩子。

他可能跟朋友在多倫塞塔爾（Tollensetal）的草原上（在今天梅克倫堡的多湖平原上）遊逛的時候，發生了一件事，使他的人生有重大改變。至於那是一場嚴重的意外，還是在一場戰役裡，頭上被砍了一刀，我們不得而知，但是他的左半邊臉受到大面積的創傷。雖然他活了下來，但是臉部骨折給他的餘生造成嚴重後果。一九六九年，考掘者赫爾伯特．烏爾里希（Herbert Ullrich）在他的報告裡說，這傷勢如此沉重，以至於「顯然讓這個人嚴重失能」。烏爾里希在桑茲可夫墳場上的九十一號墓裡發現這具遺骸。他的屍體被遺族用大石頭壓住了。

我們身邊有多少不死族？

這太容易發生了。比如說，如果木匠忘記把刨下來的木屑一起放進棺材裡。或者用來縫製壽衣的針掉在木頭地板的縫裡，因此留在棺材外。女僕因為工作太多，來不及在遺體抬出去後把火滅掉。或者僕人從逝者身上偷了一塊金幣，結果死者不得安寧。此外，還有一些眾所周知的生前風險，比如出生日期不對，以及有酗酒或好賭的傾向。理由千奇百怪，所以死後成為不死族的風險也非常高。但是，實際上到底有多少呢？墳場上被施加鎮鬼手段的死者，到底占多大比例？

復行者墓葬的手法與頻繁程度，在不同地方一定有很大差異。比如在一個村子裡，也許有一群特別迷信的婦女；她們總是樂於講述與散播恐怖童話，數十年間一再掀起村民對不死族的恐懼。所以，人們在這段期間也會耗費相當的力氣，試著在當地的墳場上，阻止死者從墓中重返。在另一個地方，一名教士可能在布道壇上，把人們對死者復返的恐懼當作工具，以便約束他的教區要嚴格遵守基督教的生活方式。或者瘟疫來臨，煽起了大家對索命鬼的恐慌。然後又來一段好日子，收成豐碩，教士也友善，人們於是又疏於理會鎮鬼的儀式。

對考古學家來說，用什麼儀式來鎮住死者，是同樣關鍵的問題。用石頭壓，把屍體翻面，或者把頭砍掉等等，都是可以清楚辨識的手段。但是同樣可能的是，一個村子長年都對復行者怕得發抖，所以，基本上在埋葬所有死者時，都要灑上聖水。但是，考古上完全無法證明這點。所以如果試著計算，我們的墓園裡不死族的比例有多高，就得非常小心：證據的不存在，不證明不死族不存在。

一段時間以來，考掘者已經發現好幾個中世紀或近代的墳場，當中復行者墓葬的數量之多引人注目。我們可以挑出其中一些地點來觀察，如果該地墳墓總數足夠多、考掘者意識到當中可能有復行者墓葬，並且在整理考掘結果時給予相應的關注，對我們的探討會很有幫助。

比如桑茲可夫的墳場就很有意思；我們上面已經探討過這個墳場九十一號墓裡，那位頭部受過重傷的男子。一九六八年，考掘者赫爾伯特・烏爾里希開挖這些骨頭時，最主要是為一項人類學研究計畫「斯拉夫人的歷史與文化在德國」提供材料。透過這項規模宏大的研究，我們對於從十二世紀下半葉起，直到十三世紀初為止，葬在此處的桑茲可夫人有非常多的認識。

然而，這些人在世時如何稱呼他們的居住區，我們並不清楚。桑茲可夫村最早出現在文獻中是一二四八年，這時該墳場已經停止使用。桑茲可夫最早的教堂（今天一部分仍然矗立）也是在一三〇〇年前後才開始興建的，因此屬於更晚的年代。那些葬在此處的人，很可能主要都是農夫。無論如何，他們的生活非常艱苦：人類學家在百分之十四的死者身上發現骨折，其中許多是女性。這個數字明顯高於其他地方的平均值。此外，幾乎有一半的人患有變形性椎關節病，一種耗損導致的椎間盤損傷。墳場上的平均死亡年齡是二十四歲。這個數字如此之低，是因為兒童死亡率很高，死者當中，兒童與青少年占百分之三十七。如果活到成年，男性平均為三十七歲，女性三十一歲。一半左右的死者以棺木下葬。

有兩個墓葬可能顯示了一種非常黑暗的儀式：寡婦陪葬。我們從文獻記載裡知道，在斯拉夫時代早期，也就是十世紀時，這個區域曾有過這種習俗。在十九號墓裡，一名約二十至二十五歲的男子交錯躺在一名約二十五歲的女子身上。兩者是同時間下葬的，所以可能也是碰巧同時間死亡，比如說，同時死於某種傳染疾病。但是三十八號墓的墓葬就不只顯示了寡婦陪葬，而且同時是一個復行者墓葬。一名三十至五十歲的女子躺在下面，上面一名四十五至五十歲的男子不只和她方向相反，而且正面朝下，他的臉正對著女子的腳。也許這裡葬的是一位疑似的復行者，所以臉才朝下？而且他的妻子也埋在一起，以便讓他沒有理由離開墳墓？

在桑茲可夫第三個雙人墓背後隱藏的是什麼故事，我們則完全無法想像。在一〇八號墓裡，一名大約四十歲的男子左邊，有一名約十八歲的女子以相反方向躺著。男子的頭朝西，女子的頭朝東。兩人伸長的左臂共同連成一條直線，手掌上下如此相疊，很像是彼此緊握。但是這個和睦的景象馬上被插在兩人肋骨上的東西破壞了。女子身上的是一把刀。考掘者發現這把刀插在胸部的左下半部，刀刃朝上且深入女子的胸腔。男子的胸部左上側則是釘著一根長長的釘子。埋葬者拿鐵器捅進這兩人的心臟，是要阻止他們重新回來嗎？那為什麼讓他們如此深情握著對方的手？考古學在此處已撞到了邊界。

一〇八號墓的兩名死者並非桑茲可夫墳場上唯一的疑似復行者，而是總共有十人。至少就考古上可確認的來說有十人。以桑茲可夫總共一百二十二個墳墓來計算，復行者占百分之八點二。所以不死族在這裡並非個別現象。不過此處所採用的鎮鬼手段各有差異。除了雙人墓葬之外，還有另一個案例也用上長長的鐵釘。六名死者被石頭重壓，有的在頭部與上半身，也有在腳上或遍及全身。而且考掘者發現有一名死者上半身被破壞了，很可能是取出心臟時留下的痕跡。

最終說來，我們只能大致推測總共有多少墓葬採取了預防復行者的措施。很可惜，只有斯拉夫墳場才有足夠多已發表的材料讓我們粗略推算。在以考古學分析十到十三世紀西北斯拉夫區域的墓葬時，考古學者阿克塞爾・波勒克斯（Axel Pollex）也列出了所有他認為可能是不死族墳墓的特殊墓葬。在桑茲可夫，數字是如我們上面已經看到的，一百二十二個當中有十個。在諾文提安，也就是發現腦水腫小孩的地方，是一百四十五個當中有二十個。在梅克倫堡多湖平原區、屬於諾伊斯特雷利茨（Neustrelitz）的烏薩德爾（Usadel），一百二十八名死者當中，有十人被鎮在墓裡。在于爾岑（Uelzen）的拉韶（Rassau）墳場，這個數字是至少四十八人裡有六個。在烏克馬克的羅培斯多夫（Röpersdorf）墳場，甚至是九個當中有四個。在迪朋湖，這個得讓位給柏林布蘭登堡機場的地方，四百二十二個墳墓裡有二十八個是特殊墓葬，而且那時候居民已經不再完全是斯拉夫人，而是已有日爾曼移民混居其中。

對不同的性別或不同的年齡階段來說，結果都是一樣，至少在斯拉夫人這裡是如此。死後成為不死族的命運顯然能落在所有人頭上，無論男人或女人，無論小孩、成人或老人。不過，這一點在其他文化圈以及另一個時代，很可能又是另一回事。比如，從北歐神話裡，我們看到的不死族全是男性。但是我們也缺乏考古證據來驗證這種性別的不均衡。

我們並沒有可靠的數字。但是就算只有百分之五到十的死者有變成復行者的嫌疑，那我們至少也能斷定一件事：每個人都認識不死族。如果每十個或每二十個人裡，就有一個疑似會變成不死族回來找人，那麼以統計數字來看，每個人在所屬的家族裡，都能遇到一個。那樣的話，總會有個叔叔或遠房表哥在下葬時，必須用石頭將他壓住，或者有個伯母或表姊在死後為了安全起見，必須被刺穿心臟或砍頭。那麼不死族的故事，在那些時代裡，就並非不知名的恐怖童話，而是人們現實生活中的經歷。如果這比例真的這麼高，那麼在任何一個星期日，在教堂裡，一定同時有好幾個教友在死後無法走上基督教的道路。

✠ 跨過死亡的門檻：從此處到彼岸的漫長路途

死亡究竟是怎麼回事？令人訝異的是，這個問題並沒有令人滿意的答案。沒有一個時間點可以標定死亡，也沒有一個訊號，一記鼓聲，或一道關上的門來顯示死亡的來到。生命實際上是緩慢流逝的。所以醫界用一個字來指稱死亡：出口（Exitus）；這個說法更適合死亡的性質。

然後屍僵的現象就開始了。這也是緩慢進行的過程：雖然會經過幾個特定的點，但是以什麼順序與速度達到這些點，要取決於許多因素。一開始什麼都不會僵化，而是完全相反：肌肉一開始是變得鬆弛。因此下巴常常會掉下來。醫院與養老院的工作人員非常了解這個現象。為了讓家屬不用看到這種有失尊嚴與嚇人的表情，他們會把下巴綁起來，直到屍僵把下巴固定在正常的位置。在臨終者床前，家屬或訪客常常會說死者有一種安祥的（或者在不同的情況下，也會說受苦的、驚恐的、痛苦扭曲的或驚愕的）表情。但是，這跟逝者在生命終結的時點上的情緒一點關係也沒有。因為在死亡狀態中，肌肉已經完全喪失張力，所以肌肉組織此時依循的是重力法則。依照逝者在這個時間點上躺的姿勢，他的皮膚與組織會儘可能朝地球中心的方向下垂，直到屍僵把它們固定在這個位置上。所以這個表情是偶然形成的。從中讀出逝者死時的情感，只是旁觀者的主觀詮釋。

隨著分解的進行，屍體也出現改變。在過去的時代裡，正是這些改變促使人們相信一種死後的生命，不論那是怎麼一回事。內部的腐敗氣體如果找不到出口，就會使屍體鼓脹起來。肚子與胸部因此隆起。就算是生前身材乾瘦的死者，這時也能給人產生一種吃得好、身體胖的印象：皮膚的皺摺與皺紋不見了，肚子把壽衣撐得緊繃。腐敗細菌首先把屍體內的組織分解為一種暗色的液體。氣體則把這些液體推向軀體上的孔穴。然後腐敗氣體與液體一起從嘴巴與鼻子洩出，形成一種褐色的泡沫。這能讓人以為，死者「已經喝了人血」。有時候，氣體壓力如此之大，以至於嘴唇就像氣閥一樣開闔，還會發出聲音。所以，一七二八年吸血鬼研究者米歇爾．蘭夫特就在他的報告中把這個現象詮釋為「墳墓中死者的咀嚼與咂嘴」。

然而，分解過程影響的不只是肺與胸腔，腐敗氣體也給下腹帶來相當的改變。在一些案例中，腐敗產生的氣體甚至使生殖器腫脹，好像逝世者即使死後也仍對性活動頗有興致。甚至文獻中也零星記錄了所謂的棺中產子。我們已知最早的死後產子案例，是來自西班牙的宗教裁判時代[48]。一名女性被判處絞刑，她的屍首之後留在絞刑架上掛著。四小時之後，兩個已死的胎兒從她的身體裡掉出來，落在地上。然而此案中胎兒的產出不太可能是由腐敗氣體的推動所致。但是，一六三三年布魯塞爾發生的一起棺中產子事件，應該就是腐敗氣體造成的了。在此案中，一名在陣痛期間死亡的女性在死亡三天後，「生」出了她死亡的小孩。從前這種案例屢見不鮮，因為遺體在下葬前，常常需要在沒有冷藏的情況下，停放相當長的時間。但是今天棺中產子相對上就比較稀少了。

我們也常聽到有人說，人的頭髮與指甲在死後會繼續生長。然而，因為死屍無法為新陳代謝提供必要的氧氣，所以這是不可能的。毋寧是說，屍體會流失水分，皮膚會乾癟與收縮，因此，頭髮與指甲顯露出的部分更多，看起來就像繼續生長一樣。大約在屍體腐爛兩星期時，分解過程已有相當程度，表皮已經開始脫落，露出下面粉嫩的真皮。而指甲跟表皮是相連的。如果指甲跟著表皮一起脫落，就能看到下方的甲床。甲床就像真皮那樣，一點都不像死去那樣乾癟，而是有柔細與整潔的表面。這個現象大概也是不死族神話興起的原因之一。

48 西班牙的宗教裁判制度從一四七八年開始，直到一八三四年才廢止。

屍體最後會變成什麼狀態，要取決於當地的氣候條件。如果土中缺氧，比如因為土壤太潮溼，那麼腐敗過程就會中斷。特別在富含黏土與陶土的土地上，掘墓人常見識到蠟屍的現象：在法定的安息期間（大多都是三十年）期滿之後，屍體沒有完全分解，而是變成一團堅硬的、類似蠟的物質，而且保存狀況如此良好，有時死者的表情仍清晰可辨。其中的罪魁禍首就是屍蠟：當皮脂因氧氣不足而無法分解時，就會形成這種脂肪。人體脂肪在分解時，會產生脂肪酸，而正常情況下，腐敗細菌應該能把長鏈的脂肪酸加以裂解。但是如果氧氣不足，這個過程就無法完整進行。最後產生的，是一種相對堅硬的混合物，由非飽和脂肪酸、脂肪酸鹼鹽，以及一些甘油組成。然後這層物質就像油性護膚乳一樣，封住了皮下組織，使氧氣無法進入，因此屍體更深層組織的氧氣供應也被切斷。一六五八年，英國哲學家與詩人湯馬斯・布朗（Thomas Browne）在作品《甕葬》（*Hydriotaphia*）中，描述了他發現這樣一具蠟屍的情況：「在這具已經躺在教堂墓地裡十年的屍體上，我們發現一種脂肪堆積：土壤裡的硝酸鉀、鹽，以及來自屍體的一種鹼性液體，讓身體脂肪一大塊、一大塊凝固起來，類似最堅硬的那種肥皂。我們保留了一小塊下來。」

不只土壤，空氣也會決定屍體的變化。細菌喜歡溫暖與潮溼，這時細菌才能發揮最大的作用。例如熱帶地區就提供了理想的條件。分解過程在死後立刻開始，幾小時後，皮膚就已經開始變色：基本色調會開始帶點綠色，大片的紅色或黑色斑塊也開始浮現。腐敗氣體很快就讓皮膚繃緊與脫落。像在海地這樣的熱帶氣候，幾天之後，屍體的外觀完全就像一般人想像中的「喪屍」一樣。相對的，在喀爾巴阡山脈就完全不同。那裡持續吹著冰冷、乾燥的風。屍體在空氣中很快就會風乾，脂肪與結締組織會乾癟收縮。死者很快就像是把牙齒露出來，指甲在枯乾的手指上也彷彿在繼續生長。吸血鬼，作為喀爾巴阡山地區典型的不死族，就是以這種形貌出現。所以死者以哪種形態疑似回來找人，首先取決於他所處區域內的氣候與土壤，促進了怎樣的分解過程：恐懼總是有一種熟悉的面貌。

不論處在怎樣的氣候或土壤中，在特定情況下，屍體也可能自然成為木乃伊。這時，屍體自然而然保存了下來，肌肉組織雖然枯乾，但並未被破壞。在古埃及人或印加人等一些文化中，則試著用人工的辦法來達成這種效果。因為這樣的死者會散發出一種幾乎無人能抵擋的吸引力：自然的分解過程受阻斷，軀體得以保存到不可知的未來。然而，在適當氣溫下，保持乾燥也能變成木乃伊，如果屍體周遭有足夠強度的空氣流動的話。因此，我們有時會看到保存狀態非常完好的自殺者遺體，假使他們在有穿堂風的閣樓裡懸梁自盡的話。

如果含水量高的肌肉組織所剩無幾的話，比如死者在死前差不多只剩下皮包骨，那麼屍體的乾燥就更容易。我們就在邊境伯爵領地布蘭登堡（Mark Brandenburg）的坎培爾（Kampehl）看到一個這樣的例子，一名死者由於自然風乾而變成木乃伊，因此被懷疑晚上會回來找人。這是死於一七〇二年的當地貴族克里斯提安·弗里德里希·馮·卡爾布茲（Christian Friedrich von Kahlbutz），他生前不是一位令人愉快的先生。據稱他喜歡對女性臣民索取他的「初夜權」，然後才給予結婚許可。一六九〇年時，據說女僕瑪莉亞·列平（Maria Leppin）拒絕了他的要求，於是卡爾布茲殺害了她的未婚夫作為報復。這名未婚夫是來自布克維茲（Bückwitz）的牧羊人皮克特（Pickert），反正卡爾布茲也已經跟這名牧羊人為了放牧場地爭吵很久了。這起案件被告到了紐斯塔特（Neustadt）的德雷茲（Dreetz）法庭。然而，卡爾布茲仍然發誓他是無辜的。既然沒有證人能作證卡爾布茲殺了牧羊人，法庭只好宣告他無罪。「如果我真的是凶手，那就請上帝讓我的屍體永不腐爛！」據說這位貴族在庭上如此大聲呼喊。

卡爾布茲死了九十二年後，他家族的死者需要從教堂的庇護人墓室遷移到旁邊擴建的側樓裡。當人們把一個一個棺材打開時，發現有一具屍體完全沒有腐壞：那就是克里斯提安·弗里德里希·馮·卡爾布茲。旁邊還有兩顆鐵製砲彈，據說是他從費爾貝林（Fehrbellin）戰役中帶回來的紀念品。

小說家提奧多・馮塔納（Theodor Fontane）在他的《布蘭登堡漫遊記》（*Wanderungen durch die Mark Brandenburg*）中提到，村民都說，卡爾布茲很可能沒有完全死透。據稱一些想拿他的木乃伊惡作劇的法國士兵就嘗到了苦果。馮塔納寫道：「據說一些放肆的法國人把成了木乃伊的卡爾布茲先生從墓室裡搬出來、送進教堂時，出於極度褻瀆的態度，竟動手把他放到聖壇上，扮演成被釘在十字架的人。其中一個惡作劇者也許是心跳太快：當他忙著把左手釘住時，那被抬起的木乃伊手臂掉了下來，正好打了站在下面的他一巴掌。這人當場倒地就死了；驚嚇與良心不安送了他的命。」馮塔納想知道這個傳說是否確有其事：「後來我親自去了坎培爾教堂，可惜無法證實這個故事。卡爾布茲先生以雙手合攏的姿勢躺在那裡，兩手的手指全部黏成一塊。」

然而，另外還有些關於卡爾布茲夜間活動的傳說。有一次，一名來自亞爾薩斯的德國士兵咒罵這名騎士（卡爾布茲的貴族階級是騎士）是個怪物及殺人凶手。他把卡爾布茲在棺材裡顛倒方向，並命令後者在半夜十一點到十二點之間來拜訪自己。次日早上，人們發現這名士兵死在自己床上，鼻孔中還淌著血。然而門與窗戶都是緊緊關上的。沒人能從外面進到房間裡面來。是卡爾布茲接受了他半夜來訪的邀請嗎？

而在施文策橋（Schwenzenbrücke）上，也就是牧羊人皮克特被發現死亡的所在，也傳出不對勁的事情。路經的行人一再指出，他們感覺到肩膀上有東西壓著，馬也受到驚嚇，不願意過橋。一九〇〇年有目擊證人斬釘截鐵地宣稱，卡爾布茲的木乃伊騎馬走在通往城門的大路上。後來，也有人發現他的木乃伊被綁在教區的菩提樹上。還有一次，據說木乃伊跳到一個年輕人的背上，結果那年輕人陷入恐慌，當場嚇死了。

在許多個故事裡，村民可能不是那麼無辜。這具木乃伊一再被人拿來做最病態的惡作劇。一九一三年，一名新娘發現，跟她一起躺在新婚床上的不是剛剛締結連理的新郎，而是這個木乃伊。有一次，坎培爾的村民把木乃伊化的卡爾布茲先生放到墓園的牆上，另一次有中學生把他搬上學校屋頂。一位來自多瑟河（Dosse）畔紐斯塔特的醫生把他陳列在自家診所的候診室裡好幾年之久，直到候診女士暈倒事件越來越多，才讓他又把木乃伊搬走。

為什麼在整個家族裡，只有他一人變成木乃伊，這個問題至今沒有完全的解釋。即使一些著名的醫學專家曾研究過這個問題，也同樣沒有答案。一八九五年，集醫生、考古學者與政治家於一身的魯道夫・菲爾紹（Rudolf Virchow）打開了這個身高一百七十公分、重量僅有六點五公斤的木乃伊的胸腔。他取出一小塊肝臟，因為他猜測，那造成木乃伊現象的物質應該會在肝臟留下痕跡。但是他什麼也沒找到。三十五年後，外科醫生費迪南・紹爾布魯赫（Ferdinand Sauerbruch）試著解開這個謎題。他相信，這具遺體在死後曾施用防腐材料。然而，他也什麼都找不到。最後，在一九八〇年代，當電腦斷層掃描技術發展出來時，夏綠蒂—柏林醫學大學（Charité-Universitätsmedizin Berlin）的麥因哈德・呂尼希（Meinhard Lünig）又對卡爾布茲做了一次檢查，也同樣一無所獲。就連卡爾布茲據說在費爾貝林戰役受到的膝蓋損傷都沒找到。要麼這個木乃伊根本不是他，要麼這個傷勢並不像他生前所宣稱的那麼嚴重。

不過，關於卡爾布茲之死，有一個已知的細節可以提供有趣的線索。據檔案記載，他死前曾大量吐血，並因此被自己的血嗆死。至於是什麼疾病造成這麼猛烈的吐血，則無從斷定。不過，我們知道嚴重的肺病可以導致這種症狀。卡爾布茲可能患有肺癌或肺結核。所以在他死前，他很可能已經喪失了大量的肌肉組織。於是屍體可能相對快速乾燥化，以致腐敗細菌沒有機會分解他的遺體。

在今天，屍體的腐敗過程也仍是一個相對缺乏研究的領域，直到最近幾年才逐漸受到科學家的關注。要碰觸這個主題需要克服許多障礙。首先，道德的禁忌讓我們難以長時間觀察一個人的軀體逐漸腐爛。倫理上唯一可行的情況，是有人在死前明確為了這個研究目的而捐出遺體。此外，要找到一個適合的場所來進行這種科學實驗，也相當困難。最後，屍體不能像在法醫程序裡那樣，冷藏或鎖在箱子裡，所以屍臭會是很大的問題。一九八一年，在美國田納西州諾克斯維爾附近，有人創辦了第一所「屍體農場」（如今這類機構已經有六間）。在一萬平方公尺的林地裡，人類的屍體在各種迥異的條件下腐爛，以供研究者做非常仔細的觀察。會發生哪些事？以何種順序？哪些昆蟲在什麼時候會進駐屍體裡？有肥胖的屍體、瘦削的屍體、年輕的屍體、衰老的屍體、暴露在空氣裡的屍體、深深埋入土中的屍體、有開放性傷口的屍體、炭化的屍體、死前必須吞下各種不同藥物的人的屍體，每年一百具新到的屍體當中，幾乎沒有兩具是相像的。當中大約百分之四十的人在死前表示過，願意遺體被送到這裡做科學實驗之用。

人從嚥下最後一口氣到完全變成白骨，中間還有很長一段路。這條路我們今天已經不陪死者一起走了，因為每當有人死去，我們就會以最快速度把他從活人的領域裡移出去。然而，在其他文化裡，以及在從前的時代，活人會陪伴死者一直走到苦澀的盡頭。這種作法也許出自一種基本的想像，認為人最終的死亡並不是始自心跳停止，而是從骨頭上再也沒有肉開始。

早在新石器時代，在人類剛剛進入定居生活形態時，遺族會跟他們的死者一起度過很長的時間，有時候長達數年。在義大利的斯卡洛理亞（Scaloria）洞窟裡的新發現，就是說明新石器時代人類密切與死者互動的最新例子。考掘者在洞裡找到大約二十幾名死者，而且有人用銳利的工具從骨頭上把肉剜下來。然而，不是在死後立刻這麼做，而是當遺體已經進入腐敗作用的末期，只是把骨頭上殘存的肉刮乾淨。此外，整副骨骼未必都完整保留下來；在許多案例中，死者只有幾根骨頭被帶回洞穴裡。最後那些乾淨的骨頭跟動物死屍、陶器破片以及石器混在一起，被撒在洞穴的地板上，然後洞穴繼續當成居住空間使用。

考古學家在歐洲各地都傳出類似的發現。在法國封布列果（Fontbrégoua）洞穴裡，他們找到有砍劈與刮削痕跡的人骨；這類痕跡一般只在人類屠宰的牲畜骨頭上見到。從愛爾蘭的博納布羅恩（Poulnabrone）墳丘中，考掘者也發現肉被利器刮除乾淨的人骨，跟從威爾斯的庫姆公園長石堆（Parc Cwm Long Cairn）找到的骨頭一樣。這也不是短暫存在的現象：在數百年間，這些人骨存放處一直有新骨頭加入。活人在六百年到八百年的期間裡，一直把他們的死者送到這個地方來。這相當於今天一座從十三世紀起，就一直有新的死者下葬的墓園。

然而，最神祕的發現是在法爾茨的黑爾克斯海姆（Herxheim）。那邊出土的骨頭屬於數千名死者，而且是各在不同程度的腐爛狀態下，從歐洲各地送到此處。包括來自今天的巴黎地區，來自德國的摩澤爾河（Mosel），甚至還有從四百公里之外的易北河河谷送來的。切削的痕跡也顯示，當時的人仔細把殘餘的肉從骨頭上刮掉。這不是單獨一個愛好死屍的怪人的點子，而是非常明顯有許多不同族群，共同在一段很長的時間裡，依照計畫一再來這裡安置死者殘存的骸骨。

在其他大陸上與較晚的時代裡，我們也看到類似的現象。南美洲的莫切文化（Moche）甚至把緩慢腐爛中的死者畫在他們的器皿上。波利維亞最新出土的一個例子顯示，居住在的的喀喀湖（Titicacasee）邊的人類，把死者的骨頭先集中到一處，用石灰岩把肉除掉，然後再透過商隊把骨頭運到更遠的地區去。這種習俗最後的身影也許是出現在蒙古人、藏人或者伊朗的祆教徒的葬禮儀式中：他們會以適當的方式處理遺體，好讓腐食動物徹底把骨頭上殘餘的肉屑啃食乾淨。

在我們所知的全部不死族報告裡，死者都在臨床死亡的時間點，到完全變成白骨當中的某個時刻走偏了道路。從來沒有一個不死族是以森森白骨的形態回來找人的。一名死者如果達到最終狀態，也就是骨頭上已完全沒有肉，就能確保永恆的安息了。

用法醫的眼光近距離看過不死族之後，我們已經非常了解他們。我們現在知道更多其生前的事，為何遺族會害怕他們，而且也更了解他們的死亡。因此，現在更需要關注的，就是必須用什麼手段來對付他們。在墳墓考古的研究中，我們已經看到絕大多數手段了。剩下一些在考古裡沒看到的，要由民間傳說來補上。

chapter

7

民間傳說中，
對付索命鬼與復行者的辦法

Maßnahmen gegen Nachzehrer und Wiedergänger in der Volkskunde

在當代的描述裡，吸血鬼獵人的經典武器是木樁。只要用木樁打穿心臟，就能讓不死族直接了當化為灰燼。至於對可能的不死族進行預防性的打樁，最早的報告已見於十一世紀初。「如果一個小孩未受洗即死去，」沃爾姆斯的布爾查德在一道法令中寫道，「他們要拿走他的屍體，放在一個祕密的地點，並用一根木樁打穿他的身體。」這是必要的作為，因為「如果他們沒有處理好的話，那小孩將會復活，並造成許多傷害。」對坐月子期間死亡的產婦也必須這麼做，布爾查德主教補充。然而，似乎不是所有木頭種類都同樣適合對付吸血鬼。在民間傳說的說法裡，山楂木、梣木以及白楊木是最佳選擇。另外在巴爾幹半島，很重要的是不要在貫穿屍體時被血噴到。因此塞爾維亞的吸血鬼獵人會在身體正面綁一張牛皮；在波士尼亞德里納河（Drina）以西，人們會在打樁前把一整車的稻草稈倒進墓穴中蓋住不死族，以便擋住噴濺起來的血。但木樁不只在巴爾幹半島是把復行者釘死在地的最佳手段，在英格蘭，對自殺者的鎮鬼措施直到一八二三年都還有法律規定：這些人會被埋在一個道路交叉口「示眾」，此外，還要用一根木樁釘穿他們的身體。

不過，讓這種「經典」的獵殺武器聲名大噪的，還是現代的作家與導演。布拉姆．斯托克讓他的小說主角亞瑟在敞開的棺材前，對已成為不死族的未婚妻露西說：「請告訴我該怎麼做，我會盡力辦到。」吸血鬼獵人亞伯拉罕．凡赫辛警告他：「你得做一件很可怕的事……你必須用這根木樁貫進她的心臟；這會非常恐怖。你一旦開始動手，就不能再有絲毫猶豫。不論發生什麼，不論你以為自己看到什麼。」亞瑟果敢拿起木樁與鐵鎚，把木頭打入未婚妻的心臟裡。露西的反應確實非常嚇人，而且讓人清楚看到，為什麼防噴濺的保護措施很有必要：「一道淒厲的叫聲響徹了墓室；那棺材裡的生物猛然站了起來。血紅的泡沫從紅色的雙唇滴下來。身體如痙攣般扭曲。尖利的牙齒向亞瑟襲來，還把自己的嘴唇咬穿。血順著下巴往下淌……現在血也從這可怕人形的心臟湧出，血汙沾染了一切。」

另一方面，斯托克並沒有讓德古拉伯爵死於木樁，而是讓他被一種尖利的金屬物件刺死：一把獵刀。此外，為了安全起見，吸血鬼獵人還把他的頭切下來。「當德古拉的雙眼看到下沉的太陽，憎恨的表情就轉變成必勝的喜悅。在同一剎那，喬納森的刀子也劈頭砍了下來。就在他切開伯爵咽喉的同時，莫里斯先生的獵刀也刺穿了伯爵的心臟……在我們真正會意過來之前，伯爵的身驅已當場化為灰燼，消失在我們的眼前。」

然而，在考古學與民間傳說中，木樁扮演的是比較次要的角色。從學術的角度看來，在鎮住不死族的時候，有一點特別值得注意：在許多案例中，人們不是只使用一種手段，而是同時用上了許多種辦法。這很能說明，在所有時代，「不死族」的主題都帶給人很大的不安全感與恐懼。儘管大家所知的可用鎮鬼儀式是五花八門，但是沒有人會如此堅定信賴其中一種，完全只靠一種辦法來解決問題。實際上，獵殺不死族從來不是用木樁給予明快的一擊，而總是在黑暗中反覆戳刺。

✠ 事先防止勝於獵殺：預防性的鎮鬼手段

a. 對遺體加工

大多數用來驅除或毀滅一名不死族的手段，都遠遠沒有打樁那樣引人注目。第一個可以採取的措施是在入殮時，而且常常不過是做一個小小的動作或放進一個小物件。這類措施都是針對頭部。比如在歐洲許多地區，讓死者的眼睛確定闔上就十分重要。如果眼瞼已經無法用手輕輕按下來，因為屍僵已經進展到相當程度，那麼就得補強一下，必要時，可以用燒融的蠟、縫衣針，或者削尖的木片。此外，嘴巴也不可以是張開的。為了阻止不死族消耗或吸吮活人的性命，遺族會在死者的嘴裡放小石頭或硬幣。

這類硬幣或石頭在考古學者考掘遺骨時，很容易被發現，但是如果塞在嘴裡的物件是有機物的話，就不會留下痕跡。因此，我們只在民俗研究裡得知，包括大蒜、祭祀用的香、黑刺李也可以當作填嘴的材料。有些地方的人也把大蒜或香填到頭上所有其他的孔洞裡，也就是不只塞進嘴巴，而且也填入鼻孔與耳孔。

不過，絕對不能跑進嘴裡的，是裹屍布或死者上衣的領子。不然的話，死者就有機會藉由吸吮這些東西，而讓他的家人、朋友以及其餘村民接連喪命。各地區防止死者吞噬與吸吮的辦法可以有很大的差異。比如一七三三年下薩克森的甘德爾斯海姆（Gandersheim）的學校校長就做了這樣的記載：「為了預防這種災害（即死者吞噬或咂嘴），有些村民習慣把一根木樁從逝者的舌頭上方打進咽喉裡，好讓他的舌頭在下葬後無法動彈，也不能把死亡帶給他的敵人。」另外，根據德勒斯登的一項記載，有的人會用一塊布把死者的脖子緊緊綁住，好讓他無論如何也無法吞嚥。其他地方的預防措施還包括在下巴下方放一塊草皮、泥炭、石頭或一本《聖經》。

不只針對頭，鎮鬼手段也會針對腳，因為無法走路的屍體自然也無法離開墳墓。一些簡單的手段是把死者足關節的肌腱給切斷，或者用釘子或銷子把腳板釘穿。據說有些地區的人會把死者的大腳趾切掉，好妨礙他們走路。丹麥人使用的辦法就精緻許多，他們只是用一條紅色的繩索把兩隻腳的大腳趾綁在一起。特別極端的情況下，也可以把整隻腳砍掉。

為了防止邪惡力量鑽進死者身體，還有一個必須封死的身體開口，那就是肚臍。所以有些地方的人把融蠟倒在肚臍上，而且最好是用一支受過獻禮的蠟燭。在其他地方，則是必須在身體上打一個洞；若非如此，根據當地人的想法，魔鬼就能把死者用氣灌飽，並以這樣的方式把他喚醒。然而，如果你用一根釘子、縫衣針或者山楂木籤，在皮膚上開一個洞，那麼魔鬼的氣息就會洩出，魔鬼的計畫也就遭到挫敗。

看來特別有效的，是把屍體捆綁起來，或者用石頭壓住，好使他靠自己的力量已無法從墳墓中脫身。石鎮大概是考古上最常發現的不死族袪除法。但這並不意味著石鎮也是最常用的辦法：那只不過是因為石頭特別容易保存下來，有別於其他有機物質，即使幾千年後也還是會留在放置的地方。

要證明繩索的使用就比較困難。不過，考古學家常能觀察到，死者的骨頭擺放的姿勢，在未受干預的腐敗過程中，是不可能出現的。比如彼此緊靠的雙手、雙腳、雙臂或雙腿，通常都意味著在腐敗過程進行時，有繩索把肢體末端綁起來了，以使骨頭最後不會自然散開。

較容易證明的是鎖鏈或掛鎖，例如我們前面提過的，哈瑟費爾德修道院教堂裡的修道院長，就在兩根小腿骨之間有一個掛鎖。

在認定數量龐大的坐姿葬時，就要小心一點。直到銅器時代為止，這在全歐洲都是常見的埋葬形式，顯然絕非每個坐姿墓埋的都是不死族。然而在一些案例中，包括石器時代以及更晚的時期，考掘者能確認，死者在下葬前被大費周章捆綁了起來。所以在一定數量的案例中，死者之所以維持在這種蜷縮的姿勢裡，很有可能就是遭到捆綁，目的是要把他固定在墓裡。

b. 陪葬品

屍體並不是一定需要加工。在許多情況裡，給逝者放一點陪葬品就夠了。在這個問題上，界線常常也是不明確的，特別是牽涉到個人物品。家屬讓這些物件在墓中陪伴死者，是為了讓他高興、在彼岸感到滿意嗎？還是這些物件是為了阻止他再度回來，為了讓他無法索家屬的命？這個問題考古上是無法判斷的。不過，教會反對這種給予陪葬品的習俗。所以如果教會成員即使違背教會的規定也要這麼做，那麼一定有重要的原因。僅僅為了讓死者感到高興，顯然並不是充足的理由。

一七八七年，在佛茨海姆（Pforzheim）有個明確的記載，在埋葬坐月子期間死亡的產婦時，一定要給予剪刀、裝縫衣針的針線盒、指套、裁縫線，以及羊毛作為陪葬品，不然的話，她們會回來找這些東西。在布倫斯多夫（Breunsdorf），從前萊比錫縣境內萊比錫市以南大約三十公里的一個沿街村莊，考古學者在考察墳場時，在近代時期的墓裡，發現了眼鏡、鑰匙與菸斗。而在一九五〇年代初，在薩克森安哈特邦（Sachsen Anhalt）加瑟塔爾（Geisetal）的一個墓裡，甚至出現了一個咖啡杯。民俗研究的報告裡，也提到有香菸、烈酒酒瓶以及斯卡特紙牌[49]被放進死者的棺材裡。今天的喪葬業者一定也能講述他們在職業生涯中，曾遇過幾個不尋常的陪葬品。

至於那些不是為了取悅死者，而是為了損害他的陪葬品，情況就很不一樣。比如，在保加利亞據說曾有一種習俗，就是在死者的腰帶裡塞一些像火藥或火柴等易燃物。他們的理由是，不死族怕火。所以如果逝者在墓中醒來，會出於害怕而不敢動彈，因為一不小心火可能燒了他的衣服。

49 Skatkarten，用三十二張撲克牌玩的三人遊戲。

在死者脖子上放一把鐮刀，也可以達到讓死者喪失行動能力的效果，因為他若想爬起來，不可避免會刮傷咽喉。在波蘭西北部德蘭堡（Dramburg）的一座墓園裡，考古學者一口氣發現四座這樣的墳墓。還有一座墳墓裡的鐮刀是放在骨盆上，刀刃也是朝向身體，以確保死者若有動彈就會受傷。透過墓園裡發現的錢幣，我們知道這些墓葬的年代屬於波蘭國王約翰・卡西米爾（Johann II. Kasimir）的時代（一六四八至一六六八年）。為什麼偏偏是這五名死者得到鐮刀作為陪葬品，最終仍無法完全解釋。然而，考掘者指出，那位年約五十至六十歲的女性，除了骨盆上放了鐮刀之外，嘴裡還有一枚錢幣，脖子上放了一顆石頭，這些也都是鎮住不死族的措施。其中一名死者是年輕女孩，死時只有十四到十九歲，也就是遠早於「自然」死亡的時間。既然早逝者常常被認為是放不下未竟的生命，我們也就可以猜測，她脖子上這把鐮刀是為了阻止她重返人間。

另外，有一系列的墓葬品是帶基督教意含的物件。除了聖像、讚美詩集，以及受過獻禮的蠟燭以外，十字架以及有十字架的禱告念珠也常被放進棺材裡。但是這種習俗只在基督教興起之後才出現，也只在基督教的脈絡下才發揮其對抗不死族的效力。導演羅曼・波蘭斯基（Roman Polanski）在他的電影《天師捉妖》（*Tanz der Vampire*）裡，就呈現了這個題材：他讓客棧主人佑內．沙加爾在看到一尊十字架時哈哈大笑。女僕瑪格達拿耶穌釘十字架受難像對著他，但這名猶太吸血鬼嘲笑著說，這只對他基督教的同行有效果。

十字架念珠可以一次完成兩個任務。一方面，光靠其基督教的象徵意義就具有驅邪的力量，另一方面，念珠項鍊也很適合拿來捆綁死者的手。據說魯爾區的波蘭工人直到一九二〇年代都還保有這種習俗。此外，愛爾蘭作家法蘭克．麥考特（Frank McCourt）在他的自傳小說《安琪拉的灰燼》（*Angela's Ashes*）中說到，他過世的兄弟尤金的雙手，就被一條由小小的白珍珠組成的十字架念珠綁了起來。尤金過世時只有四歲，所以是早夭。即便麥考特並未探究這個捆綁行為背後有何道理，我們還是能看到，這個儀式的原因可能就是過早死亡。

民俗研究裡，紀錄中可作為鎮鬼措施的墓葬品有長長一串。這些物品包括有機物，如大蒜、山楂、黑刺李、犬薔薇、接骨木的樹枝、燈心草、紮成一捆的蘿勒、葡萄酒或雞蛋；也包括小石頭、鐵釘、錫製或木製的湯匙，以及紡錘等無機物件。有時也會牽涉到數字迷信。例如，紡錘如果是三、五或九個據說特別有效，以及遺族偏好放九個小石頭在棺材裡。

一九六八年時，還有一名住在羅馬尼亞西部小村柏奇斯（Birchiș）的中年男子寫信給民族學者約恩．波帕（Ion I. Popa），告訴他如果一名逝者即將成為不死族，該做哪些準備工作：「如果有人死了，而且大家猜測他可能變成一個死催戈，那麼就得去請一個懂得如何給死者打扮、如何布置棺材的人來。他給死者洗澡時，會拿一個蒜瓣塞進他的肛門。然後，等棺材造好，從棺材師傅那裡搬過來時，搬運的人就要把棺材放在客廳的正中央。棺材放到正中央之後，他會從製作棺材的師傅那裡取來一些刨下來的木屑，把木屑鋪在棺材裡，從上到下都要鋪到。然後，他放兩個蒜瓣進去，用小刀切碎，分撒在整個棺材裡。接著他點燃木屑，在棺材四個角上放四盞油燈，於是棺材裡有燒著的油燈與燃燒的木屑。所有木屑燒完後，他再用灰燼與燒焦的大蒜塗抹整口棺材。他會仔細塗抹，再擦拭乾淨。然後他把棺材放好、擺正，把死者放進去。死者入棺之後，他會把死者放好、擺正，拿一把鐮刀放在腳上，用棉線把雙腳綁起來，好讓他再也無法走路。這樣他就完工了。」

許多地方也相信不死族有一種強迫症的特質。據稱，他們非常愛數數字。連上學前的小孩也知道這一點：在「芝麻街」的節目裡，教小孩數數字的就是數字伯爵。數字伯爵全神貫注數著他城堡裡的事物，而數到節目裡正要介紹的數字時，他就會在閃電與雷聲的伴隨下，狂野大笑。這種數數字的強迫症很適合用來把一名不死族鎮在墳墓裡。你只要把豌豆、罌粟籽、菜豆、沙礫、燕麥或小米倒進棺材，就能讓他因為數不完而無法離開棺材。人們還常常給他附加一個條款，讓他每年只准數一顆豆子或小石頭。這種鎮鬼辦法在丹麥有一個變異版流傳下來，作為住宅的防護方式。人們在門上掛一臺老舊的紡車，紡車的輪子轉了幾圈，死者就必須先繞房子走幾圈才可以進房子。繩結也有類似的功能，據說不死族會一直感到非把繩結解開不可。因此，德國西南部的阿勒曼尼人（Alemannen）直到中世紀早期，都還在疑似不死族的墳墓上掛魚網。一來，如果他爬起來的話會被魚網捉住，二來，他會如此忙於解開魚網上的結，以至於根本走不開。

C. 送葬隊伍與墳墓

還有一種辦法可以阻止死者返回自己家中，那就是讓他徹底迷失方向，找不到正確的路。因此，直到今天，在許多地區當死者從家中被抬出去時，都是腳先出去。許多儀式都是建立在一種假設上：人們相信死者會認他從家裡前往墳場的路，並依循同一條路從墳場返家。有時候，人們會把門檻拉高，然後從下面把死者抬出門。之後當門檻放回原來的位置時，死者就沒有機會再從門檻底下擠進家裡。同樣可能的，是把死者從牆上的一個開口抬出去，事後再把開口封起來。如果是德國的木框架房屋的話，這麼做甚至並不怎麼費事。此外，應該盡量不要對死者提示他的名字，因此最好把所有名牌從壽衣上除掉，並且仔細檢查每件衣服的每個角落，不要遺漏任何花押或字母縮寫。

前往墓園的路必須儘可能複雜。所以人們會在十字路口與不易辨認方向的路段上停下來，帶著棺材往每個方向亂走幾步。水也是個好幫手，既然不死族據說畏水，送葬隊伍就常常會跨過小溪。參加葬禮的隊伍在回程時，也可以沿路灑水，以便讓死者難以辨認來時的足跡。

因此在希臘，人們傾向把墓園設在小島上。這使得不死族幾乎不可能返回本國的陸地。在沒有小島的地方，同樣也有辦法可想。許多德國墓園裡，都有一個偏僻區塊用來埋葬「危險的」死者，比如自殺者或未受洗即死亡的小孩，那個地方就是所謂的「玫瑰花園」。這一區的周圍常用多刺的灌木或有尖刺的金屬柵欄圍起來，以便儘可能阻止不死族離開這個區塊。在萊茵河谷地的因登/阿爾特多夫（Inden/Altdorf）直到二次大戰為止，一直都有一個用斑駁不堪的金屬柵欄圍起來、稱為「玫瑰園」的區域。

然而，不死族也可以在墓園中完全正常的區域裡安全埋葬。基督教傳統對於喪葬有嚴格的規定；死者必須遵守這些規定，才能在最後審判日安然復活：他必須正躺而且頭部朝西。因為只有如此，當最後審判日來臨時，他的目光才能朝東，才能看到耶穌基督如〈馬太福音〉

二十章二十七節所描述的那樣，第二度從東方降臨：「閃電從東邊發出，直照到西邊，人子降臨也要這樣。」然而，有危險的死者則不得享有符合基督教儀的埋葬。考古學家在考掘基督教墓園時，一再遇到一些「方向顛倒」的墓葬。這種違反教儀的墳墓數量如此眾多，顯示出這類鎮鬼習俗實際上是多麼普遍。比這種埋葬方向一百八十度顛倒遠遠更為古老的習俗，是把潛在的復行者以臉朝下的俯姿下葬，藉以使死者被鎮在墓裡。這樣的話，一旦死者嘗試離開墳墓，就只會往地底越挖越深。

在死者終於安全埋在地下之後，仍有些清理工作需要完成。常見的習俗是，一切死者接觸過的物品都要清除乾淨：包括清洗屍體用的毛巾與水盆、梳子或刷子。有些地方的人會讓這些東西跟死者一起進到墓裡。但是在葬禮之後予以焚燒，也是可行的作法。不過，死者躺過的稻草，則必須焚燒或者丟到田裡去，使其盡快腐爛，並希望死者就跟稻草一樣。

✠ 如果已經太遲：對不死族的偵測與防治

如果有跡象顯示，一個家庭或一個村子遭到不死族的侵害，那麼首先要做的，就是確保住宅的安全。巴爾幹半島地區流傳了一些這類辦法。例如，用大蒜塗抹所有的窗戶與門框。據說在門上用瀝青塗一個十字架也能讓不死族不敢靠近。誰要是有一隻又大又黑的看門狗，可以在牠額頭上用白色畫上第二對眼睛，傳說這樣能夠嚇退吸血鬼。如果把山楂的刺縫在衣服上，則可以保護自己的人身安全。

如果要確認在最近死亡的人當中，是哪一位變成不死族回來危害，可以使用的辦法有好幾種。墳土上的老鼠洞是可靠的跡象，不死族能用這個洞來進出。人們也會把灰燼或鹽撒在墳土上，第二天早上如果看到腳印，就確定這名邪惡的死者露出馬腳了。在東歐南部，人們常常藉助動物的幫助。例如，在入夜前把一隻黑色公雞放在墳場裡，牠就會找一個不死族的墓，並整夜坐在上面。羅馬尼亞人在尋找不死族時，也會在白天使用公雞：如果公雞停在哪一個墓前並啼叫，他們相信，那墓裡就躺著一名不死族。馬在這方面也特別敏銳。在保加利亞與塞爾維亞，無花斑的純色小公馬曾用於追查吸血鬼。當他們帶這樣的小公馬走過墳場，小馬會在不死族的墓前受到驚嚇。另一方面，阿爾巴尼亞人與羅馬尼亞人則仰賴成年的白色公馬，來進行這種探測。

不死族的身分確認之後，接下來就要防止其危害。一個普遍的作法是把他的頭砍下來。

例如，一五五〇年前後住在薩克森城市弗萊柏格（Freiberg）的一名地方誌作者，記錄了一場瘟疫的流行：「……在赫爾姆斯多夫（Hermsdorff）／克勞斯尼茲（Claußnitz）／迪特斯巴赫（Dittersbach），以及其他許多地區，有很多牲畜遭到感染並死去／所以撒旦終於迷惑了一般民眾／並說服他們／讓他們以為墳墓中的死人開始吞噬／並一個接著一個奪人性命／也有一些人／站在這些墓旁／信誓旦旦地說／此事毫無疑問／他們真的聽到／死者在地底下咂嘴的聲音；因此人們最後用挖墓的鏟子把死人的頭都砍掉了／並且以為如此一來／就阻止了更多的災害與死亡。」不過，這些措施對村民的幫助很有限：「……因為瘟疫作為上帝的懲罰，自此更加劇烈肆虐起來／以至於不少村子的人據說甚至完全滅絕了。」

心臟也扮演一個重要的角色。除了用木樁貫穿，也有其他方法來加以移除。在本書開頭我們曾經提到，直到二〇〇四年在羅馬尼亞，喬爾吉．馬里涅斯科還想讓他變成不死族的小舅子無法危害，辦法是把他的心臟燒掉，並且把剩下的灰燼混水當成解藥給受害者喝下。另一種變化的作法，是把心臟放在葡萄酒裡烹煮。完成這道程序之後，心臟又可以放回原來的位置。伯羅奔尼撒半島還流傳一種習俗，人們甚至把不死族的整具屍體剁成小塊，統統放在葡萄酒裡煮。

十二世紀的英國僧侶紐柏格的威廉在他的《英國事務史》中，對於不死族心臟的重要性，做過令人印象深刻的描寫：「年輕人把死屍從村子裡拖出來，匆忙間堆起一個柴堆。這時他們當中一人說，只要心臟沒有取出來，那麼染上瘟疫的屍體是無法焚燒的。於是另一人就用粗鈍的鋤頭在死屍的一側反覆砍劈出一個洞，伸手進去把心臟扯出來，並立刻把它剁成碎片。」現在這些人可以焚燒死屍了，這是民俗研究中談到防治不死族時，常常提到的手段。「從那時起，在這魔鬼般的怪獸被摧毀之後，那在村民之間肆虐的瘟疫就平靜下來了，」紐柏格的威廉在報告的結尾處如此寫道，「大火在以極其可怕的方式吞噬了死屍的同時，彷彿也洗淨了空氣中這四處遊走的瘟神所留下的汙穢。」

像這樣費事結合數種鎮鬼措施的情況，絕非僅見於東歐南部。在北歐神話裡，人們也常常需要好幾輪嘗試，才能終於使一名不死族無法危害。比如在《斯瓦弗德拉傳奇》（*Svarfdla Saga*）講述到的克勞菲（Klaufi），一隻屍鬼，就是一個特別難纏的案例。第一次大家試著用砍頭的方式使他無法危害，結果沒成功，克勞菲又回來了，這次把頭夾在手臂下。直到他的屍體被焚燒，灰燼裝在一個鉛盒裡，蓋子用兩個鐵勾扣緊，盒子再沉到一道泉水底部時，才終於恢復了平靜。

當然，現代小說的作者也會汲取古老傳說裡的素材。比如布拉姆．斯托克就讓他故事裡的那些主人翁，在未婚夫亞瑟已經用木樁打穿露西的心臟後，額外又對露西的屍體與棺材一口氣進行了好幾個儀式。「首先，我們把留在身體外面的一截木樁鋸掉，」約翰．西沃德醫生在日記裡寫道，「接著，我們把露西的頭切下來，在她的嘴裡塞滿大蒜。最後，我們把鉛製的棺材用焊槍封死，把棺蓋重新用螺絲鎖緊，然後離開。凡赫辛細心地把墓室鎖上，並把鑰匙交給亞瑟。」然而，對德古拉伯爵的棺材本身，吸血鬼獵人凡赫辛則採用了基督教的鎮鬼法。十一月五日，他在備忘錄裡有這樣的註記：「我在小教堂裡還發現另一個墓碑。墓碑很大，而且製作精良。上面只有一個名字：**德古拉**。所以在我面前的，是吸血鬼國王的安息之地。墓穴是空的。在繼續用我的辦法把這些女人送上西天之前，我在德古拉的墓裡放了一塊聖體，這樣就能永遠把他逐出這個墓了。」

然而，在現代文學裡，這個圖像有了偏移。把墓裡的屍體倒轉方向，用石頭鎮，或者在嘴裡放一個錢幣（也就是考古上最常發現的不死者鎮鬼法），並不適合放在追求驚悚效果的小說或電影場景裡。然而，即便小說角色德古拉早已成為一切不死族最顯赫的代言人，在小村的墳場上，這些平淡的手段仍一直有人使用。

chapter

8

晚近歷史中的不死族

Untote der jüngsten Vergangenheit

法國哲學家尚—雅各．盧梭在十七世紀下半葉寫道：「如果世界上曾有過什麼虛構的故事能得到證明且通過檢驗的話，那一定是吸血鬼的故事了。要件一應俱全：有官方報告，有來自權威人士、外科醫生、教會人士與法官的證詞：證據非常充分。但是如果撇開這一切，誰真的相信吸血鬼呢？」

在那個年代，歐洲與北美的精英正為理性、教育與啟蒙而奮鬥。然而，事情並不像盧梭說的那麼簡單；對死者回來害人的恐懼太過古老，無法用理性論據加以平息。於是兩道洪流貫穿了社會。在可見的表面上，也就是在流通的學者著作裡（比如盧梭的書），理性早已終結了迷信。然而在表層底下，卻一如既往地埋藏著一道非理性恐懼的強勁激流。

誰還相信吸血鬼呢？比如世代居住於黑森邦北部特倫德爾堡（Trendelburg）的貴族斯托克豪森家族就信。一七三八年，首度有家族成員在棺材裡被結實綁起來。漢斯．赫爾曼．馮．斯托克豪森（Hans Hermann von Stockhausen）死亡時，家人把他的屍體用粗麻繩以鋸齒形式綁在棺材裡。直到一八五五年為止，家族中一直維持這種習俗。女性綁成交叉十字形，男性綁成鋸齒形。如果是從一開始就被懷疑死後可能回來的死者，還會受到特別關注，比如在坐月子期間死亡的產婦，或者未受洗即死亡的雙胞胎，都會被綁得特別仔細。一九七七至一九七八年，隨著特倫德爾堡教區教堂的重新整修，斯托克豪森家族墓室被打開時，這些裝著捆綁屍體的棺材層層相疊，幾乎快碰到天花板。有幾具保存特別良好的棺材與屍首，今天展示在卡賽爾（Kassel）的墓葬文化博物館裡。

就在斯托克豪森家族牢牢綁好他們的死者、不為啟蒙風潮所動的同時，其他地方的人則努力用理性的態度面對這個議題。一七五五年，奧地利女大公暨匈牙利與波希米亞女王瑪莉亞・特蕾莎認真關注了吸血鬼的問題。起因是發生在上西里西亞赫爾墨斯朵夫（Hermersdorf）的一起案件。這裡有個叫作羅莎（Rosa）還是羅西娜・波拉金（Rosina Polakin）的女巫在村裡肆虐發威。她生前是靠販賣神奇草藥維生的女巫，然而死後據說變成吸血鬼，在死後兩年半的時間內，殺了許多其他村民，而這些人同樣也變成吸血鬼。「在十九名成人與一個小孩身上發現有血，不論屍體已經埋在土裡一年、兩年，還是更久時間，」如一七五五年四月二日星期四的《柏林特權報》（*Berlinische Privilegierte Zeitung*）所報導，「這些成為吸血鬼的人，先是頭被砍掉，心臟被戳穿，然後軀體被焚燒成灰。這項處置是由女王下令，六個星期前在赫爾墨斯朵夫村裡執行完成，為此，特羅保（Troppau）、耶格恩多夫（Jägerndorf）、泰申（Teschen），以及鄰近地區的農奴與劊子手，都調派到此處協助。」

然而，瑪莉亞・特蕾莎想把事情查個水落石出，於是派出一個調查委員會。調查結束後，醫生瓦布斯特（Wabst）與高瑟（Gosser）的結論是，赫爾墨斯朵夫的事件不過是迷信衍生的紛擾而已。瑪莉亞・特蕾莎的御醫傑哈德・凡・斯威藤（Gerhard van Swieten）在奉派前往麥倫（Mähren）調查一起類似案件後，也做出同樣的判斷。凡・斯威藤在他實事求是的《論幽靈之存在》（*Abhandung des Daseyns der Gespenster*）裡，做了如此描述：造成這整起騷亂的起因不外乎就是「當地人毫無根據的恐懼，什麼都信的迷信心態，以及晦暗又活躍的幻想、幼稚與無知。」這種「未開化的無知」必須消滅。所有號稱是吸血鬼跡象的現象，都能歸結到自然的原因。溢出的血、腫脹的肝或紅嫩的皮膚，都不過是墓裡的發酵過程與氧氣不足造成的結果，凡・斯威藤如此寫道。

瑪莉亞・特蕾莎立刻就做出回應。一七五五年三月一日，她頒布了一道法令，也就是後來史上聞名的「吸血鬼敕令」。「以下是我們最仁慈寬大的命令：日後一切此類事件，教會方面不得在未請示世俗機關的情況下做任何處置。每當發生此類幽靈、巫婆、掘墓事件，或據稱有人遭魔鬼附身時，必須立刻向世俗機關通報，並由後者在明理醫生的指教下進行調查，並詳細審視，背後是否藏有何種詐欺情事，且若有不端，則研擬詐欺者該如何處罰。」

然而，這還不夠。在凡・斯威藤調查完一年之後，瑪莉亞・特蕾莎又派了外科醫生格奧爾格・塔拉爾（Georg Tallar）走訪那些盛行吸血鬼信仰的地區，以便進行二度調查，並撰寫一份新的報告。他回來時帶了這樣一份報告：《外科解剖的見聞與調查報告，或者：關於瓦拉幾亞、外西凡尼亞以及巴納特地區所謂的吸血者、吸血鬼，或瓦拉幾亞方言所稱的莫洛伊的全面調查。尊貴的女皇暨女王政府下屬、專程派往當地的調查委員會於一七五六年恭撰》（*Visum Repertum Anatomico-chirurgicum, oder, gründlicher Bericht von den sogenannten Blutsäugern, Vampier, oder in der wallachischen Sprache Moroi, in der Wallachey, Siebenbürgen, und Banat: Welchen eine Eigends dahin Abgeordnete Untersuchungs kommission der Löbl. K. K. Administration im Jahre 1756 erstattet hat.*）。

塔拉爾的結論是，那些瓦拉幾亞人以為是鬧吸血鬼而造成的病痛，其實要歸咎於一種不健康的飲食。當地人把大白菜、大蒜與酸菜所導致的腹痛詮釋為「心臟疼痛」，並以為是吸血鬼在作怪。這位醫生因此並未尋找不死族，而是給村民開立了嘔吐藥，就此治好了症狀。至於「吸血鬼在星期六特別厲害」這種迷信，他也能提出反駁。塔拉爾在週間不同的日子裡，分別挖出死者，並由此證明，星期六的死屍跟星期五或星期日的，在外觀上並沒有什麼不同。

✠法庭上的吸血鬼

看到這樣的調查結果，還有誰會相信吸血鬼呢？啟蒙的風潮所到之處，理性似乎已經戰勝了迷信。然而，對於盧梭的這個問題，即便在一百二十多年之後，答案依舊是：廣大的民眾都相信。繼哲學家與自然研究者之後，在十九世紀下半葉，終於法學家也不得不來探討不死族的問題。殺死一名不死族有沒有法律責任呢？

一八七一年，奧圖・馮・俾斯麥剛剛出任帝國宰相，西普魯士的一起事件被告上了法院。在一個村子裡，森林看守人格爾克（Gehrke）先生的妻子在去年過世了。在那之後，格爾克先生與孩子的健康狀況開始劇烈惡化。他的兄弟G・格爾克先生覺得無法坐視不管。他夥同幾個朋友商議了一個行動計畫。他們想要打開死者的墳墓，把亞麻籽倒進去。如果他們規定死者數那些種籽，而且每年最多只准數一顆，那她就暫時有事情可忙，也就不能再製造更多的傷害。然而，當他們撬開棺材蓋，看到逝者紅潤的臉龐時，就開始懷疑光丟幾顆亞麻籽可能無法解決問題。為了確保安全無虞，他們決定還是砍下屍體的頭。砍下後，他們把頭放在她手臂以下，好讓她無法把頭再度放回去。

然而，並非所有村民對這起夜間的墳場行動都能諒解；此事被告上了法院。檢察官稱G．格爾克與他同夥的行為是「擅自損害墳墓以及對同一墳墓犯下侮辱性的不法劣行」。地方法院同意這個見解，並判處這些人監禁的處罰。然而，G．格爾克提出了上訴。他的理由是，他的行動絕非擅自為之，而是非常明確經過死者最親近的家屬同意，甚至是受他們的委託才進行的。上訴法院雖然確認上訴理由正當，但是並未更改刑事處分。因為即便G．格爾克及其同夥所為是經過授權，但是他們的行為仍屬侮辱性的不法劣行，也就是經過授權的侮辱性不法劣行。G．格爾克還是不放棄。他認為，那根本不是不法劣行，反而是一個良善之舉。最後，最高法院判他勝訴。最高法庭認為，畢竟被告完全清楚自己在做什麼，也在「堅信自己經過授權且懷有值得讚賞的企圖」下行為。至於這位女士究竟是死了還是成為不死族，最高法院的判決書巧妙迴避了這個問題。對於判決來說，只需要確認G．格爾克真的相信自己發現那女士在墓中是不死族就夠了。於是這些人無罪釋放了。

差不多在同一時間，另一隻吸血鬼也襲擊位於西普魯士諾伊斯塔特縣（Neustatt）的小村坎崔諾（Kantrzyno）。一八七一年二月五日，那裡的大地主與地方首長法蘭茲．馮．波布洛基（Franz von Poblocki）因「癆病」死去，享年六十三歲。不久之後，他的長子安東（Anton）也病倒在床上，抱怨著與父親類似的症狀。請來的醫生診斷這是「末期肺癆」，並對這位二十八歲的年輕人表示愛莫能助。二月十八日，安東也追隨父親死去了，而且瘟疫開始擴大感染。波布洛基的太太、小女兒、另外兩個兒子，以及最後還有一個妹夫，都開始覺得身體越來越虛弱。安東的靈柩還停放在大廳、他的母親與妹妹已經倒在病床上時，馮・波布洛基一家在宅邸內舉行了家庭會議。毫無疑問，老馮・波布洛基是一隻吸血鬼。他已經奪走了長子的性命，而且其他家庭成員必定也將遭其毒手，剩下的只是時間問題。

在老人與安東死後，家庭的責任現在落在次子約瑟夫（Josef）的身上。他雖然也已經感到身體虛弱，但表示願意處理這件事。只不過，他需要其他人的協助。他請工人約翰・吉奇爾斯基（Johann Dzigcielski）把安東的頭砍下來。完成後，他們一起闔上棺材，並準備前往墓園。馮・波布洛基是個財力雄厚的家族。約瑟夫承諾，如果掘墓工能把安東葬在緊靠父親墳墓的位置上，就會給他一份體面的酬勞。約瑟夫的計畫是，這樣他就能趁機穿過薄薄的土牆把父親的棺材取出來，把父親砍頭，如此自己跟家人就得救了。

但是掘墓工出於良心不安，竟把祕密洩漏給教區神父布洛克（Block）。這是什麼異教的荒唐玩意！竟然就在他的教區裡！神父命令掘墓工，挖洞時千萬要留下適當的距離。他也警告了約瑟夫．馮．波布洛基：他還是他的手下如果敢踏進墓園一步，一定會被追究。為了確保萬無一失，當天夜裡他還安排了兩個人去輪流守夜。然而，這兩人當中一定還是有一個打瞌睡了，因為在半夜裡，鄰近的客棧主人給一陣響亮的隆隆聲響吵醒。客棧主人鼓起勇氣出門趕往墓園，把正在法蘭茲．馮．波布洛基墳墓上幹活的身影給趕跑了。他們幾乎已經完成：那墓穴已經回填了一半。墳墓旁還有一把鋤頭，是作案人匆忙間留下來的。

布洛克神父氣得不得了。次日早晨，他就讓人把墳墓重新打開。棺材裡呈現出一幅叫人毛骨悚然的景象：馮．波布洛基的頭不在原處了，被昨夜在此動手的人以臉朝下的方向放到兩腿之間。誰是這可恥行徑的始作俑者？答案再清楚不過了。掘墓工立刻就認出墳墓旁那把鋤頭。他先前曾在約瑟夫．馮．波布洛基的一個幫手手裡看到這鋤頭。然而，這一天是安東預定下葬的日子，他也是一個躺在棺材裡的無頭之人。這樣封棺前的講道要如何進行！布洛克臭罵著，痛斥他教區裡竟發生這樣荒謬且瀆神的行徑。這種事絕不能繼續下去。葬禮結束後，他手持鋤頭作為證據，立刻前往檢查機關進行告發。

地方法院判決布洛克神父有理，並判處約瑟夫·馮·波布洛基與約翰·吉奇爾斯基[50]兩人各四個月、其他助手各四個星期監禁，罪名是擅自損毀墳墓，以及對墳墓進行侮辱性的不法劣行。約瑟夫對上訴法庭提出救濟。他不否認做了這件事。但他主張這絕非不法劣行，而是正當防衛。畢竟他父親與哥哥都是吸血鬼，他也只是想要挽救自己的性命而已。就如同不久之前的格爾克案例一樣，上訴法庭也宣判被告勝訴，而最高法院也於一八七二年五月十五日再度確認了這些人無罪。然而，這兩起吸血鬼的法律事件並沒有侷限在法院建築裡。報紙也貪婪地蜂擁而上，一連好幾個星期都報導著法院的判決。吸血鬼再度成為所有人都議論的話題。

今天這種事的法律地位如何呢？德國《刑法》第一六八條第一款〈擾亂死者安寧〉，跟十九世紀下半葉普魯士法律規範中相應的法條，看起來還是非常相似：

德國《刑法》第一六八條第一款：「擅自從權利人的保管中取走已死亡者的遺體或部

50 因為掘墓工吉奇爾斯基雖然沒有參加半夜挖墳的行動，但確實砍下安東的頭。

分遺體、已死的胎兒或其部分、或已死亡者的骨灰，或者對上述遺體或骨灰施加侮辱性的不法劣行，處三年以下有期徒刑或課以罰金。」

無論如何，自一九九二年十月二十日起，隨著聯邦憲法法庭的一項決議，這個問題終於在最高的法院層級上釐清了：殺死一個喪屍是合法的，因為這個存在已經不是人類，而且業已死亡。

在納粹統治下，死者在法律上甚至又恢復了人的身分。死人可以結婚，或者說，在特定情況下，還非結婚不可。因為在第二次世界大戰中，相同的故事上演了千百次：危機期間煽起了人們彼此尋求親近的需要。在一個士兵上前線之前，這親近的需要常常變得如此強烈，以至於他與女友，或者在較好的情況下與他的未婚妻，就此生了一個小孩。如果他後來命喪戰場，這個孩子就成為非婚生小孩，沒有任何身分與權利，並且在社會中遭到排擠。為了讓德國免去有太多非婚生小孩的恥辱，希特勒於一九四一年十一月六日簽署了一項領袖政令，准許女性與一名死亡或失蹤的國防軍軍人結婚，如果「有證據顯示」後者在出發前往前線之前，「有意與該名女性締結婚姻」。當時的道德觀感設定了清楚的優先性：一個死亡的父親好過沒有父親，一個死亡的丈夫好過沒有丈夫。這道乍聽之下有點奇怪的法令在民眾之間廣受歡迎。總共有兩萬五千名女性援引這個條款，舉行了所謂的冥婚。

✠ 新世界裡的吸血鬼

現代吸血鬼知名度最高的例子，也許是住在羅德島埃克塞特（Exeter）的梅西．「莉娜」．布朗（Mercy „Lena" Brown）。一八八二年十二月，她的母親死於結核病；僅僅一年之後，她的姊姊瑪莉．奧利芙（Mary Olive）也走了。根據當地報紙上瑪莉的訃聞，教會團體在喪禮上唱了聖歌〈思慕天鄉〉（One Sweetly Solemn Thought），完全依照這位二十歲的女孩死前在病榻上的願望。幾年之後，她的兄弟艾德溫（Edwin）也出現了「癆病」最初的症狀（這種會使人瘦削乾癟的疾病，一般稱為癆病），最後連莉娜的健康也急轉直下。她甚至演變成「末期肺癆」，一種末期特別激烈的發病形態，於是所有醫生很快就放棄救治了。一八九二年一月，她的父親把她送進家墓裡，葬在妻子與長女的旁邊。

然後，艾德溫的情況也越來越差。這時鄰居就開始介入了。城裡主要的報紙《天啟日報》

（*Providence Journal*）鉅細靡遺記錄了這起事件；報紙描述，埃克塞特的居民如何逼迫女孩的父親，請他至少要救救這個兒子。居民認為，很有可能他那三名妻女當中，有一人並不是真的死了，而是在暗中吸食「艾德溫的肉跟血」。也有人提到「吸血鬼」一詞。最後這位一家之主讓步了。一八九二年三月十七日一大早，在家庭醫生與《天啟日報》的一名通訊記者監看之下，一群男子掀開了他們家的墳墓。母親與姊姊瑪莉．奧利芙只剩下乾枯的白骨。但是莉娜雖然此時也已經死了兩個月，但她的身體卻處在「一種保存相當良好的狀態」。心臟與肝臟甚至仍然充滿血液，即便有些結塊。所以罪魁禍首找到了。他們把血淋淋的器官燒掉，把剩餘的灰燼作成藥湯讓病勢沉重的艾德溫服下。然而什麼效果也沒有。這位少年不到兩個月後也過世了。

民俗學者麥可．貝爾（Michael Bell）在新英格蘭地區，找到把疑似吸血鬼從墓中掘出的案例，有案可查的大約有八十起。所以莉娜不是特例，她只是在十八、十九世紀結核病大流行的時代中，骨瘦如柴、面無血色地死於這種疾病的許多人其中之一。就在鄰居與家族成員揭開吸血鬼的墳墓、挖出他們器官的同時，美國其他地區則盛行著對科技與進步的信仰。在大城市裡，大家早已不再相信吸血鬼。所以跨區域的報紙在報導莉娜的案例時，沒幾句好話。

《波士頓環球報》（*Boston Daily Globe*）的記者猜測，埃克塞特居民怪異的行為大概要歸咎於「這些鄉巴佬地區太常在家族內部通婚」。僅僅在莉娜·布朗死後幾年，底特律就開始汽車的大量生產，而假使莉娜死前生了小孩的話，她的孫子輩就已經搭太空船登上了月球。

大多數新英格蘭地區的吸血鬼墳墓都在荒郊野外，在早已為人遺忘的小小家庭墳地裡，比如在格理斯沃爾德的那一個。但是，數十年來，莉娜·布朗位於切斯納特（Chestnut）山丘墓園的墳墓卻一直是旅遊勝地，也是吸血鬼迷的朝聖地。她的墓碑在今天也仍刷得潔白光亮，訪客在墓碑前留下小禮物：花朵、信件，或者塑膠製的整副吸血鬼牙齒。有時候，埃克塞特的當地人說，她不安的靈魂還一直在一座橋上來回走動，那時你能在空氣中聞到玫瑰的香氣；也有另一些人號稱曾在墳墓上聽到她的耳語，此外，不時會有病危的人在死前不久說，莉娜到床前來看他了，還對他保證，死根本沒有那麼糟糕。

所以梅西·「莉娜」·布朗直到今天並沒有真正完全死去。也許，她還以某種完全不同的形式活在我們的集體記憶裡。因為在布拉姆·斯托克的文件材料裡，有一篇《紐約世界報》（*New York World*）一八九六年關於此事的一篇報導。這位愛爾蘭小說家一定是在那一年伴隨舞臺劇演員亨利·歐文（Henry Irving）在美國各地巡迴演出時，讀過這報導，還把它剪了下來。

也許斯托克之所以把這篇報導保留起來，只因為報導題材很配合他幾乎快寫完的那本書：一八九七年五月十八日，他的小說《德古拉》即將出版。但也有可能這本書在此刻還不是如此完整。因為斯托克筆下那位吸血伯爵的第一個犧牲者露西・韋斯藤拉，跟莉娜有十分突出的相似之處。兩人年紀幾乎一樣，都在很短的時間內日漸虛弱與蒼白。甚至露西（Lucy）之名都可能是由「莉娜」（Lena）與「梅西」（Mercy）融合而成。然而，最主要的一點是，亞伯拉罕・凡赫辛揭開墳墓的那段描述，很容易讓人想起不過幾年之前，在埃克塞特所發生的事件。無論如何，在凡赫辛的角色上，斯托克參考了幾個非常真實的藍本。其中之一是傑哈德・凡・斯威藤，那位一七五五年奉瑪莉亞・特蕾莎之命去調查不死族的御醫。

殘酷的原型：弗拉德三世・德古拉

在德古拉伯爵這個角色上，斯托克也採用了一位歷史人物作為藍本：羅馬尼亞總督弗拉德三世・德古拉（Vlad III. Drăculea），年代約為一四三一年至一四七六或七七年。不過，有一點是明確的：這位總督絕不是吸血鬼。儘管一份與他同時代的文獻記載，他曾把麵包浸在敵人的血裡，再塞進嘴裡吃掉：然而，就像添加到他生平裡的那許多細節一樣，這只是一個虛構的元素，只是為了服務追求聳動的嗜血大眾。自從一四五〇年活字版印刷術發明以來，讀者大眾很快就要求越來越刺激的故事。只要有需求之處，供給面就會順應配合：弗拉德三世·德古拉就是歐洲腥羶媒體最早的受害者之一。但是在故鄉羅馬尼亞，他直到今天都被視為民族英雄。不只因為他保衛國家抵抗奧斯曼帝國的軍隊，而且特別因為他終結了內政的管理混亂與貪汙腐敗，即使他常常使用殘酷手段。

儘管跟由布拉姆·斯托克杜撰的同名吸血鬼沒有太多共同之處，弗拉德三世·德古拉的生平還是值得我們關注一下。因為這將清楚呈現十五世紀中葉前後死亡的普遍存在，以及人面對死亡的方式，而且歐洲民族神話中的許多不死族也是在這個時代裡大行其道。弗拉德三世大部分的童年時期，都是在土耳其蘇丹的皇宮裡當人質，殘酷與死亡不論在那邊還是在他自己的故鄉，都是無所不在。他幾乎還未成年，匈牙利軍隊就殺害了他的父親。在匈牙利人的命令下，他的哥哥也給燒紅的鐵棍戳瞎了雙眼，接著再被活埋。他在孩童與青少年所經驗到的無能為力的憤怒，終其一生對他作為君主都產生了深刻的影響。在奧斯曼皇宮的時期，他見識到一種死法：樁刑[51]，而後來這種刑罰就成為他的註冊商標。弗拉德三世．德古拉實際上殺了多少敵人，這個數字從常常十分主觀的文獻中無法重建，但根據估計，他手下的亡魂介於四萬到十萬人之間。在德國流通的小報宣傳單聲稱，除了樁刑之外，他還用拷問架、火燒、截肢、淹死、剝皮、火烤以及水煮等刑罰，招呼落到他手裡的敵人。

✠ 文學與電影裡的不死族

斯托克把瓦拉幾亞的總督變成一個冷血的吸血怪物。然而，吸血鬼小說的構想並不是新的發明。當斯托克撰寫《德古拉》時，這個題材甚至可說是已經被寫爛了。不只作家，就連劇場導演也已經在創作中投注於吸血鬼一整個世紀了。吸血鬼也早已不是殺人的、骯髒的、一直咂嘴的怪物；他早已有了上流社會的舉止禮儀。

世界文學裡，之所以出現這個現代紳士般的吸血鬼形象，要歸功於一次火山爆發。

51 把活人用木樁釘在地上任其死亡的刑罰。

一八一五年印尼的坦博拉（Tambora）火山將非常大量的火山灰噴入大氣中，以至於接下來的一八一六年以「無夏之年」之名載入史冊。人們很快就開始稱這個倒楣的一八一六年為「一八凍死」年。異常的寒冷與劇烈的降雨，導致作物歉收。英國詩人拜倫勛爵正好在這一年到歐洲旅遊。在日內瓦湖邊，他與詩人雪萊及其未來的妻子瑪麗・戈德溫（Mary Godwin）會面（即後來的瑪麗・雪萊）。此外，一起在場的還有他懷孕的前女友，即瑪麗的繼姊妹克萊兒・克萊蒙特（Claire Clairmont），以及他的私人醫生約翰・波里多利（John Polidori）。一行人本來想在日內瓦近郊踏青，然而猛烈的雨勢讓他們不得不一直留在他們的住所迪奧達蒂別墅（Villa Diodati）裡。由於吸食太多鴉片，這群人就哲學、政治與自然科學，進行夜以繼日、冗長迂迴的談論，也一再聊到神祕現象的問題。著名的博物學家查爾斯・達爾文的祖父伊拉斯謨・達爾文（Erasmus Darwin）主張，可以賦予無生命的物質生命。這真的有可能嗎？

這些年輕的文人也互相朗誦書籍，最受歡迎的是恐怖童話。最後拜倫提議，恐怖故事也可以自己寫。他規定每個人要自己想出一個驚悚故事，以娛樂其他人。在那些暴雨的白天與黑夜裡，從鴉片的迷幻作用中誕生的恐怖角色，當中有兩個後來揚名世界：一個是瑪麗・雪萊的法蘭肯斯坦（Frankenstein），另一個則是魯思文勛爵（Lord Ruthven），一位令人害怕的、有著冰冷灰色眼睛的倫敦紳士。魯思文是拜倫講的故事的主角。不過波里多利醫生後來才又添加了一些精細的設定，並由此寫出了〈吸血鬼〉（The Vampyre），世界文學史上第一篇吸血鬼小說。

波里多利的故事發表之後不久，吸血鬼開始在歐洲上層社會裡流行起來。不死族成了風尚。在一八二〇年代，巴黎每一座稍微有點名氣的劇場都有一齣吸血鬼劇。一八二八年三月二十九日，海因里希・馬施納（Heinrich Marschner）的歌劇《吸血鬼》（*Der Vampyr*）在萊比錫首次上演。

接下來就是卡蜜拉（Carmilla）。她的創造者是愛爾蘭作家謝里登・勒・法努（Sheridan Le Fanu）；他於一八七二年讓卡蜜拉開始襲擊人類。當這位氣質陰森的女士出現在奧匈帝國史泰爾馬克地區一座孤寂的城堡裡時，附近開始了一連串神祕的死亡事件。各種跡象逐漸顯示，卡蜜拉有點不對勁。她從不吃東西，雖然兩根又尖又利的犬齒十分醒目；她拒絕禱告或唱教堂聖歌，常常疲倦或無力；她睡在一口棺材裡，可以穿牆行走，可以視情況變成一隻巨大的貓，而且她對年輕女性有致命的偏愛，所有遇害者都是少女。勒・法努這個女同性戀吸血鬼的小說設定激發了讀者的幻想，以至於到今天為止，至少有十一部電影、為數眾多的廣播劇在卡蜜拉之後，吸血鬼作為文學形象似乎已經過了最高點。這個角色還能怎麼超越呢？

至此，吸血鬼已經在舞臺上與小說裡盛行了半個世紀，這個神話基本上已經無以為繼了。所以當愛爾蘭作家布拉姆·斯托克於一八九七年再度處理這個主題，你幾乎會想譴責他缺乏想像力。實際上，也很難說到底是什麼因素讓他的《德古拉》比之前所有吸血鬼都更為成功。關鍵也許在於，他對這位羅馬尼亞的伯爵極其細緻的描述，讓我們不由得感到一種幾乎難以忍受的親近感。德古拉的前輩一直是五官甚為模糊的存在，允許每個讀者依照自己的經驗加以填補想像，但是斯托克賦予這種恐怖一張真正的臉。而且這張臉讓人印象如此深刻，使得當我們今天閉上眼睛、縱容我們對不死族的原始恐懼時，這張臉仍清晰如在眼前。伯爵的外貌有一個樣本，那就是斯托克的朋友，舞臺劇演員亨利·歐文。當斯托克精細入微地描述德古拉的面容時，他其實想到了歐文：「他的臉基本上甚至頗有猛禽的意味：鼻梁窄且有鮮明的鷹勾，鼻孔的形狀十分醒目。額頭高而拱，頭髮在兩個鬢邊頗為稀疏，但除此之外非常茂密。他的嘴，在濃密的小鬍子下能看到的範圍內，看起來嚴厲且相當殘酷；牙齒又利又白，且突出嘴唇之外，而嘴唇的紅潤就他這個年紀的人來說，顯現了一種令人驚訝的生命力。耳朵缺乏血色，且頂端異常地尖。整體的印象是一種超乎尋常的蒼白。」隨著德古拉出現，現代吸血鬼於焉誕生。

德古拉的吸引力從此從未退潮。電影一開始普及，他很快就從書頁一躍跳上大銀幕。早在默片時代，吸血鬼就是影劇史的經典，今天德古拉伯爵是拍成最多電影的角色，夏洛克・福爾摩斯還排在他後面。

一九二二年，德國導演弗里德里希・威廉・穆爾瑙（Friedrich Wilhelm Murnau）拍攝的《不死殭屍—恐慄交響曲》（*Nosferatu*）必定稱得上吸血鬼歷史的一個里程碑。在最後一幕裡，由馬克斯・施雷克（Max Schreck）飾演的吸血鬼諾斯費拉圖不是死於心臟遭木樁貫穿，而是被太陽光摧毀。這種死法在這部片中第一次出現在眾人面前，之後也長期影響了這類型的作品。同樣對德古拉在影史上的形象影響深遠的，是九年之後由貝拉・魯格西（Béla Lugosi）飾演吸血鬼的《德古拉》。他匈牙利的口音與大開大闔的動作，成為後來許多表演者的典範。這些影響在一九五八年以克里斯多福・李（Christopher Lee）為主角的《德古拉》製作裡清晰可見；這隻吸血鬼也不得不在太陽的照耀下，壯烈死去。

到這時為止，吸血鬼都是不可親近的形象，都是在變化之後完全喪失人性的怪物。美國女作家安・萊斯（Anne Rice）在她一九七六年出版的《夜訪吸血鬼》（*Interview with the Vampire*）則把人性還給了吸血鬼，甚至還予以提升。小說中兩位主角，路易與黎斯特都是至情至性的人物。她筆下的吸血鬼在變化之後，一切情緒與感官印象反而比一般人更加強烈，而這一點賦予他們一種令人難以抵抗的情色意味。此外，作者在《夜訪吸血鬼》中，還加入了新的設定，持久影響了之後的吸血鬼文學。路易長期對自己的存在感到如此反胃，以至於他嘗試只靠動物的血來存活：他成了文學史上第一個「素食的」吸血鬼。直到一九九四年《夜訪吸血鬼》才拍成電影，其中擔任主角的布萊德・彼特與湯姆・克魯斯詮釋了這種新形態的吸血鬼。布萊德・彼特在次年被美國《時人雜誌》（*People Magazine*）選為**世上最性感的男人**，演出路易的角色一定幫了他很大的忙。

在安・萊斯的「吸血鬼紀事」系列（The Vampire Chronicles）之後，再發展到吸血鬼與人類之間跨越界線，讓經典的羅密歐與茱麗葉主題打破兩個世界的分隔線，就只是時間問題而已。這最後的界線就在美國一九九七年的電視劇《魔法奇兵》裡，由巴菲與安哲爾打破了。女主角巴菲是萬中無一的天生吸血鬼獵人。安哲爾是吸血鬼，被罰重新獲得靈魂。電視劇的原創者喬斯・溫登（Joss Whedon）塑造的巴菲・薩莫斯一角，是全新種類的吸血鬼獵人。巴菲本身是身材嬌小的金髮美女，但是擁有超乎人類的神奇力量。這個常常被稱做「巴菲宇宙」（Buffyversum）的世界，以其聰慧的對話與繁複的情節，對知識階層的觀眾有特別的吸引力。沒有另一個吸血鬼神話像《魔法奇兵》這樣，得到學院如此高度的關注。現在學術界探討巴菲的論文與書籍數量，已經超過兩百之譜，且廣泛來自社會學、心理學、人類學與語言學等非常不同的領域。

二〇〇五年，史蒂芬妮．梅爾（Stephenie Meyer）的「暮光之城」系列，則同時對「吸血鬼紀事」系列與《魔法奇兵》都有所承接。她的吸血鬼過素食生活，而且跟安．萊斯的不死族一樣，擁有超自然的美貌與感受力。在「暮光之城」系列第四部裡，吸血鬼愛德華與貝拉生了一個小孩，是一半吸血鬼一半人類的芮妮思蜜。直到貝拉生產時，愛德華才把她也變成吸血鬼，以防止她因失血過多而亡。「暮光之城」系列的成功讓之前所有的吸血鬼故事都黯然失色。

從二〇一〇年起的電視劇《陰屍路》以及自二〇一一年起的《權力的遊戲》，讓不死族重返這個創作類型的古老根源。這些虛構世界裡的喪屍與「異鬼」（White Walker）是徹頭徹尾的危險怪物，對浪漫情感沒有絲毫知覺。然而，這種路線對不死族主題的受歡迎程度毫無損害，兩部製作都屬於美國十分成功的電視劇。

chapter

9

直到最後：所有時代的不死族

Bis zuletzt: Untote zu allen Zeiten

✠另一個聚光燈下的不死族：喪屍

根據醫院檔案，一九六二年四月三十日上午九點四十五分，在海地首都太子港北方約五十四公里的小城德夏佩雷（Deschapelles），一個名叫克萊維厄斯．納西斯（Clairvius Narcisse）的病人踏入史懷哲（Albert Schweitzer）醫院。這個男人抱怨說他身體不舒服已經好一段時間了，他覺得虛弱，四肢疼痛，而且發燒。由於他也開始吐血，所以終於來求醫。醫院收治了他，但是納西斯的狀況急速惡化。他現在有消化障礙、肺水腫、體溫過低、呼吸困難與嚴重的低血壓。五月二日早晨，兩名醫生（其中一個是美國人）確認克萊維厄斯．納西斯已經死亡。他的姊姊瑪莉．克萊兒（Marie Claire）在死亡證明書上按了指印，葬禮於次日舉行。

十八年後，某天安潔莉娜．納西斯（Angelina Narcisse）在市場上買菜時，忽然有個男人找她說話。男子說自己是她的哥哥克萊維厄斯。他說出她孩童時期的綽號以作為證明；這只有很少幾個家人知道。安潔莉娜相信他，也相信她哥哥講述的過去十八年的古怪故事。他說，他還記得，當兩名醫生宣告他死亡時，安潔莉娜為他流了眼淚。然後他感到有人把床單蓋住他的臉，但是他無法動彈或開口說話。就連有人拿釘子敲進棺材，並且不小心把一根釘子釘進他的臉頰時，他也還是不能動，也無法出聲。他也無法判斷自己在地底下躺了多久。他只知道，有一名**柏科爾**（bokor），也就是巫毒教祭司，把他挖了出來。這個祭司打他，用鍊條鎖住他，用東西塞住他的嘴，然後把他帶到一個大農場，讓他在那裡做了兩年的奴工。但是對這段期間他也記不得多少事情，因為他毫無意志，活在一種類似昏迷的狀態裡。

之後，他跟其他的奴工成功逃出來了。但他不敢回家，因為他曾經騙走兄弟繼承的一塊地，而他懷疑，就是那個兄弟花錢委託了一名柏科爾來把自己變成喪屍。一直要等到這個兄弟終於死了，他才有勇氣來找自己的妹妹。

在這個故事傳開之後，最早聽到的科學家都很感興趣。如果真有一種辦法可以把人暫時變成類似死亡的狀態，那麼這將為麻醉科醫師開啟全新的可能性。比如太空人的新陳代謝功能可以在長程飛行中降到極低的水平，以使他們輕易跨越目前為止無法達成的距離。克萊維厄斯．納西斯的故事幾乎沒有可疑之處。進一步詢問他童年時代的細節，可以確認他就是自己所宣稱的那個人。只不過，柏科爾到底用了什麼辦法，竟能把他變成喪屍？

為了找出答案，一九八二年，哈佛學生韋德．戴維斯（Wade Davis）在海地各處拜訪了許多柏科爾，並且向他們購買據說是用於此種用途的粉末。他們對戴維斯所說的使用方式全都相同：這粉末不能口服。相反的，他必須把粉末撒在受害者的鞋子裡、撒在背上，或撒進傷口裡。

實驗室分析顯示，沒有一個柏科爾給的粉末成分與另一個給的相同。有些包含磨碎的蛤蟆，另一些包含磨成粉的樹蛙。除了一定會有的蛇以外，還有蜥蜴、蜈蚣或蚯蚓。然而，戴維斯發現，有三種成分在所有配方裡都出現：磨成粉的人骨、一種能引發劇癢的物質，以及河魨。這種致癢成分會使人抓撓，導致皮膚表層被抓傷。然後一種強力的毒性可以透過這些傷口輕易進入血管中。然而河魨是一種極其難纏的成分。這種魚的皮、肝、以及（如果是母魚的話）卵巢含有具神經毒性的河魨毒素。肉質本身倒是無毒；在日本，這道稱為 fugu 的菜是價格非常昂貴的美食，吃起來舌頭上會感到些微的麻癢，而且會產生一種欣然的陶醉感。然而，如果廚師傷到一點含有河魨毒素的器官，那就慘了。這時候，這道頂級餐點可以導致消化障礙、肺水腫、體溫過低、呼吸困難、嚴重的血壓不足、皮膚搔癢、嘴唇發紺（顏色變青）以及癱瘓，最嚴重的情況也能造成死亡。此外，河魨中毒者也曾描述過，他們雖然無法動彈也無法說話，但意識是完全清醒的。

那些柏科爾也告訴戴維斯，把喪屍從土裡挖出來後，該怎麼處理。喪屍需要吃一種由番薯、甘蔗糖漿，與一種當地話稱為「喪屍黃瓜」的水果打成的粥。在歐洲，這種學名為Datura的植物稱為曼陀羅。曼陀羅含有顛茄鹼以及東莨菪鹼，會導致精神混亂、幻覺與記憶喪失。在歐洲，曼陀羅的效果多半也跟魔法儀式連結起來，據說巫婆製作她們的飛行油膏時，就需要曼陀羅。此外，喪屍絕對不可以吃到鹽。然而，在海地這種讓人汗流浹背的熾熱天氣裡，攝取鹽分對生理機能是非常重要的，所以缺鹽的結果就是嚴重的疲乏無力。回到哈佛之後，戴維斯把他的經歷跟研究寫成兩本書發表：《大蛇與彩虹》（*The Serpent and the Rainbow*）以及《黑暗的通道》（*Passage of Darkness*）。前一本書也成為好萊塢同名電影的底本[52]；電影情節則鬆散建立在克萊維厄斯．納西斯的案例之上。

喪屍神話真正的源頭並不容易找。這個概念本身非常現代，最早出現在一九二九年威廉．謝布魯克（William Seabrook）的《魔島》（*The Magic Island*）裡。作者在書中引述海地一八六四年的《刑法》第二四六條：「使人陷入持續昏睡狀態者，無論多久，若未造成真正死亡，以謀殺未遂罪論處。若受害人在被施以此類行為後埋葬，不論其結果如何，行為人以謀殺罪論處。」

52 電影中文名稱是《穿越陰陽路》，比爾．普曼主演。

所以嚴格來說，喪屍根本不是「真正的」不死族，而是活人，只是暫時處於假死狀態，事後可以重新喚醒。至於巫毒教自己一開始在不死族與喪屍之間做了多大的區分，則沒有立即明顯的答案。海地喪屍的角色已經與來自其他文化的許多想像，過度交叉重疊起來了。因為在這個海地現象公諸於世後，書籍作者與電影製片商就集體衝向喪屍的素材，快速創造出一個獨立的創作類型。原初的巫毒教脈絡很快就幾乎沒人提起了。反而這些喪屍的報導在很短時間內，就跟歐洲的吸血鬼與不死族想像摻混在一起。今天，影視裡的喪屍早就不是由一個柏科爾的作法來製造，而是就像大受歡迎的電視影集《陰屍路》裡那樣，幾乎無一例外，都是因為被其他喪屍咬到而變成的。

無邊無際的信仰：全世界的不死族

談到這裡，不死族的序列遠遠還沒談完。地球上每個角落對於這個永遠相同的主題都有自己的版本。在中國，死後離開身體的並不是整個靈魂，而只是它的一半，「魂」。「魂」充滿了「陽氣」：指能量、力量與光。留在屍體上的則是飽含「陰氣」的「魄」：屬土，十分陰暗與衰弱。但是要小心，如果陽光或月光照到死者的軀體，那「魄」就會吸收過多的「陽氣」，於是便產生殭屍，就像吸血鬼。此外，一隻懷孕的貓跳過棺材、一道雷擊、非正常死亡，比如自殺或遭殭屍傷害致死，也都能有同樣的效果。殭屍的現象依照年紀與腐爛程度有很大的差異。然而，有一點是共同的：中國的不死族無法正常前進，而只能跳著走。要對付殭屍，有一長串的武器可以使用。如同對歐洲的不死族一樣，火是傷害殭屍很有效的辦法。然而，鏡子、棗核、桃木、公雞叫、黑驢的蹄、黑狗的血、一把斧頭或一柄掃帚，也都能派上用場。

在日本有貓又（Nekomata），即吸血的不死貓。牠們生活在偏遠的山區，但是完全能來到很靠近人的地方。一八四〇年，有個講述一隻貓又襲擊肥前鍋島氏年輕大名的故事出版了。牠殺死了藩主[53]鍾愛的藝妓，把屍體拖到花園裡，自己則變成了藝妓的形象。每天晚上十二點整時，這隻貓又就偷偷溜進大名的臥房，吸他的血。但這位年輕的藩主完全沒有察覺。只有他的家人看到他越來越虛弱，臉色也越來越蒼白。府上的醫生束手無策。派在臥房前守夜的守衛也擋不住，每到半夜時分，貓又總是讓他們深深熟睡。這時，有一位年輕武士來到鍋島

53「大名」是日本封建時代對較大地域領主的稱呼；「藩」則指將軍家直屬領地以外的大名領國。

家府上，堅定表示他有辦法不睡著。晚上其他守衛又進入夢鄉時，他一再用匕首尖刺自己的手指。十二點一到，那美貌的藝妓就沿著走廊用四腳爬過來，想要溜進藩主的臥房。這時，武士拔出長刀並迎面走上去。藝妓用黃色的貓眼憤怒地瞪著他，然後就消失了。這樣的情況一連發生了四個晚上，大名就在這段時間裡恢復了健康。第五個晚上，武士直接進了藝妓的房間去找她。他朝她拿出一張寫著降妖咒語的紙，要求她把紙上文字讀出來。但是她只是像貓一樣呼呼怒吼，並且直接撲了過來。雙方發生了激烈的打鬥，直到其他守衛被聲響驚醒趕過來為止。接著，貓又變成貓的形狀，從窗子跳出去了。藩主的人馬追趕了很久才終於堵住牠，並把牠殺了。

在印度半島，稱為布塔（Bhuta）的死者幽靈，會以人類或動物的形貌回來。由於這些傳說與祖先祭祀關係緊密，而且不同區域之間有很大的差異，所以布塔沒有統一的模樣。然而，大多時候人類形態的布塔是可以從他們腳掌向後長的特徵辨認出來的。死於意外、他殺或自殺的人，或者沒有依照規範埋葬的人，就會變成布塔。只不過那些能「好好」死去且遺族能嚴格遵守葬儀的人，也不會就此安息。他們會變成善良的靈，以保佑他們的家人。

另外，在馬來西亞，把衣服整夜晾在外面並不是好主意。因為懷著孩子死亡的女性幽靈龐蒂雅娜（Pontianak）會依照衣服的氣味挑選她要加害的人。遇上一個龐蒂雅娜是極端危險的事。當一個龐蒂雅娜出現在附近，一個人只要眼睛張開一下，就足以被她把眼球從頭顱裡吸出來。她會用像刀片一樣鋒利的指甲劃開受害者的肚子，把器官扯出來加以吞食。如果她對一名男性受害者懷有報仇的慾望，則會同時切下他的性器官。制伏龐蒂雅娜唯一的辦法，是在她咽喉部位的凹處上打一根釘子。這時，她會瞬間變成一名極其美麗的女子，而且變得非常溫和，一副完美妻子的模樣。然而，如果釘子掉了，那就糟了：龐蒂雅娜會恢復魔鬼的形貌，並發動非常可怕的報復。

然而，不是只有亞洲才有這麼多不死族，在北美大陸上，歐洲人帶著他們的神話來到這裡之前，也早有不死族在此漫遊。比如在今天加拿大英屬哥倫比亞省的夸夸嘉夸族（Kwakwaka'wakw）就害怕布克吾（Bukwus）。布克吾是溺斃者的幽靈。為什麼特別是溺斃，其實並非偶然，因為溺水這件事在夸夸嘉夸族的生活裡無處不在。他們的生活空間主要是崎嶇險惡的峽灣，居住區四周通常全是水。由於這個因素，布克吾的外觀就像一具浮屍：骨骼已經外露，臉部卻腫脹，頭髮散亂糾結。如果布克吾遇到一個人，會表現出友善的模樣，還會邀請他一起共享自己的餐點。但是誰要是跟布克吾一起吃飯，自己也會變布克吾，注定過著不死族艱苦的生活。

✠ 與人類存在一樣古老：所有時代的不死族

所以不死族信仰存在於世界各地，從東方日本的貓又直到西方北美洲太平洋岸的布克吾，從北方維京人的屍鬼直到南方西非的喪屍。凡是有人類埋葬死者之處，當中似乎都有一些會以某種形式回來找人。在時間分布上情況也類似。人類史上我們找不到一個時期是確定沒有不死族信仰的。最早的時代雖然只留下一些暗示，但是也沒有反證。賽普勒斯島上的喬伊魯科蒂亞（Khirokitia）遺址的幾個墳墓，可以算是最早真正確定的復行者墓葬。在新石器時代，介於西元前四千五百年與三千九至三千八百年之間，有人在這個居住區內埋葬他們的死者，有時甚至直接埋在住屋的地底下。考掘者發現，部分死者身上壓著沉重的大石盤。如果埋葬地點是在偏遠地區，那我們還可以猜測，也許這是為了防止野獸前來食用屍體。但是，當一名死者直接被埋在屋子裡時，這種猜測明顯就不能成立。所以，屍體被大石壓住很有可能是為了把死者固定在墓中，是為了讓他爬不起來。考掘者也在賽普勒斯島上其他新石器與青銅器時代的遺址裡，發現類似的作法，比如在侖巴（Lemba）或奇松涅加—莫斯菲利亞（Kissonerga-Mosfilia）。

之後不久，確證為復行者墓葬的案例就再也不曾停止過。我們在義大利的科隆納角（Capo Colonna）發現屬於西元前九或前八世紀用大石頭重壓的方形石板墓。在希臘的阿提卡（Attika）從西元前八到前五世紀間，也有死者是埋在巨大的石頭下。後來羅馬人開始得與基督徒交涉時，他們常常規定基督徒的屍體必須火葬。這些反叛羅馬的新宗教是如此充滿死者復活的故事，使羅馬人希望能確保萬無一失。鐵器時代的丹麥也認識他們的復行者。沼屍[54]常常被人用粗大的樹枝壓住。溫德比（Windeby）的沼屍上，還蓋上了一塊大石頭，約特芬（Juthe Fen）的沼屍甚至還用木鉤穿過膝蓋與手肘，以便把她牢牢錨定在泥炭沼澤地裡。

在中世紀，不死族的例證出現得非常頻繁，首先在異教的民族之間，稍晚也出現在教堂與主教教堂的牆腳下。在希臘萊斯沃斯島（Lesbos）的米提利尼（Mytilene）居住區，考古學家赫克托．威廉斯（Hector Williams）甚至發現一個穆斯林的吸血鬼。這名男性死者躺在城牆一處

54 Moorleiche，在富含泥炭的沼澤地裡，因特殊的酸性缺氧環境而有部分或整個木乃伊化的屍體。

坑洞內的一具厚重木棺裡，有人用鐵樁把他的咽喉、骨盆以及兩個腳踝，釘死在棺材的底板上。

在整個近代，無論是考古證據還是民間傳說都接連不斷，一直到現代為止。我們根本不必到羅馬尼亞的馬洛提努德蘇斯這樣偏遠的小地方，就能在很晚近的現代裡找到對復行者活生生的信仰。比如一九一五年七月二十九日，第一次世界大戰期間，英國《泰晤士報》就刊出一名通訊記者從前線寄回的信。記者在信中記述了他從一位軍官那裡聽來的故事，關於一名年輕的英國士兵如何用他的刺刀殺死一個高大的德國人。那士兵說：「我還記得他臉上的表情，他也可能只是睡著而已，正做著邪惡的夢。」無論如何，那張臉讓這名英國士兵感到如此恐懼，以至於他認真把他以臉朝下的姿勢埋葬了。「您一定很清楚這是為什麼，」士兵解釋說，「如果他想把自己挖出來，那他只會越挖越深。」

甚至到了一九七三年，奧地利通訊社（Austria Presse Agentur, APA）一月十日還報導了一個案例，一名波蘭人因為相信不死族而倒了大楣：「一名住在英國的波蘭人德米特里・麥喬拉（Demetrius Myiciura），對吸血鬼向來有重度的恐慌。有一天，這個毛病終於要了他的命。斯多卡市（Stoke）的警察發現這名五十六歲的陶工幾天前死在他的床上。法醫確認麥喬拉是讓一枚蒜瓣噎死的；他在入睡之前，在嘴裡放了一片蒜頭。死者寢室內囤積的大量蒜頭、胡椒與鹽，傳統上，波蘭人認為這些是對付吸血鬼的材料。」

所以不死族、復行者與吸血鬼都不是十九世紀恐怖文學的發明。而且，一般人想像他們是隨著斯拉夫人在民族遷徙的過程中，從喀爾巴阡山北部來到中歐，這種觀點也不正確。斯拉夫人來到中歐時，不死族早已經存在。儘管斯拉夫人確實帶來大量活死人的傳說素材，但是這些素材卻與本地已有的基礎材料混合起來了。對不死族的信仰本身遠早於斯拉夫時期。事實上，就跟人類存在同樣古老。無論基督教還是其他偉大宗教，都無法消除這種信仰。就連科學思想隨著啟蒙時代到來時，不死族信仰也一樣頑強抵抗。

但是，為什麼一直以來人們都彷彿理所當然的認為，死亡不是人存在的終結？佛洛伊德猜測，不死族信仰是根植於對死者持續的紀念：「幽靈是人類面對所愛之人的屍體時虛構出來的。但由於他的悲痛中也混雜著滿足，所以這種罪惡感又使他剛剛創造的幽靈必須是邪惡與令人害怕的惡鬼。死亡造成的物理改變，很容易讓他想到把個體分割為一個肉體與一個（一開始是許多個）靈魂；這樣一來，他的思索過程就跟由死亡開啟的分解過程平行了。對逝者持續的紀念，成了相信另一種存在形式的基礎，讓他有了死亡只是表面、死後仍有生命這樣的理念。」

那麼，在最近的時代裡，究竟發生了什麼事，以至於人們今天已經普遍不把不死族當真，而是看成了迷信呢？我們可以繼續用佛洛伊德的話來說：那是因為屍體的消滅。沒有了遺體，持續的紀念也就無處可以附著。這是一個仍在進行中的過程：遺體火化日漸取代了肉身埋葬。越來越多人覺得，讓屍體在土裡緩慢腐敗是一件讓人不舒服的事。所以他們寧願讓家屬（以及自己）的遺體盡快消失。而且與死者疏遠的過程甚至開始得更早。不過在幾十年前，守靈還是與死者告別的必要程序，但是今天在大多數情況下，死者都被盡快從家裡抬出去，也就是從活人的領域裡移除了。在確認死亡後，把逝者搬運到一個無名的、消毒過的太平間，成為首要之事。死者的遺體已經不再由關愛他的家屬親自洗滌、更衣與看守，反而他的遺體會讓家人感到不適，或甚至噁心。這種殯葬習俗的變遷有一個主要的結果：生與死之間的鴻溝變得越來越深。今天的死亡已經不是跨越一個門檻，而是進入一個再也無法回頭的深淵。死者跟生者都沒有變，但是兩者間的分界已經變得難以跨越。

謝辭

Dank

有許多同事樂意與我們分享他們的研究成果（其中有些尚未發表），提供圖片資料給我們，並熱心與我們討論這個絕非日常生活的題材。我們在這裡要特別感謝斯塔德的市考古學家 Dietrich Alsdorf、伯恩州考古局的 Armand Baeriswyl 博士講師、希爾德斯海姆市考古局的 Ute Bartelt 女士、康乃狄克州州考古局已卸任的州考古學家 Nicholas F. Bellantoni 博士、柏林 ABD-Dressler 考古事務所的 Torsten Dressler 先生、中佛羅里達大學物理系副教授 Costas Efthimiou 先生、卡賽爾墓葬文化博物館（Museum für Sepulkralkultur Kassel）的 Gerold Eppler 先生、瑞典松德（Sunde）的 Andrea Finck 女士、下薩克森邦斯塔德檔案館的 Robert Gahde 先生、熱舒夫大學考古研究中心的 Leszek Gardeła 博士、位於法蘭克福（奧德河）維亞德里那歐洲大學（Europa-Universität Viadrina Frankfurt〔Oder〕）的 Marita Genesis 博士、基爾大學（Uni Kiel）史前史與古代史研究中心的 Katja Grüneberg-Wehner 女士、位於什未林

（Schwerin）的梅克倫堡—前波美恩邦文化與古蹟保護局的 Detlef Jantzen 博士、柏林 Jungklaus 人類學事務所的 Bettina Jungklaus 博士、普雷茲（Preetz）的 Julia Katharina Koch 博士、曼海姆（Mannheim）萊斯—恩格爾霍恩（Reiss-Engelhorn）博物館的 Ursula Koch 博士、哈瑟費爾德的 Martin Kuhnert 先生、卡賽爾墓葬文化博物館的 Jutta Lange 女士、漢薩城市斯特拉爾松德市（Stralsund）考古局的 Gunnar Möller 先生、柏林的 Axel Pollex 博士、漢薩城市斯塔德市考古局的 Andreas Schäfer 博士、呂貝克墓穴調查所（Forschungsstelle Gruft）的 Andreas Ströbl 先生、匹茲堡大學（Univer sity of Pittsburgh）藝術史與建築史系的 Carrie L. Sulosky Weaver 博士、位於什未林的梅克倫堡—前波美恩邦文化與古蹟保護局的 Jens Ulrich 先生、基爾大學史前史與古代史研究中心的 Donat Wehner 博士，以及杜塞道夫（Düsseldorf）德國墓葬文化協會董事會的 Oliver Wirthmann 先生。

這本書能以如此的面貌完成，我們還要感謝 Mathias Hardt 教授、Dirk Heiland 先生與 Christian Stegemann 先生細心的指正以及諸多有益的意見，還有 Anna Bodensteiner 女士在最後一刻對我們提出了關鍵的問題。我們也感謝 Nathalie Schmitt 女士與 Götz Fuchs 先生對本書的構想與校讀，都提供了令人振奮與有建設性的協助。

Sophie、Carl、與 Lennard，對於家中有個人每天晚上跟週末，甚至在度假期間，都寧願與不死族為伍也不跟家人在一起，表現了很大的寬容。不過現在這些不死族終於被鎮在書的封面跟封底之間了！

參考文獻

Anhang

✠ Literatur

1. **D. Alsdorf,** Das Himmelpforter Blutgericht. In: J. Auler (Hrsg.), Richtstätten archäologie (Dormagen 2008) 112–124.
2. **J. Ansorge,** Ein Rosenkranz und andere Merkwürdigkeiten vom Friedhof der Jakobikirche in Greifswald. Archäologische Berichte aus Mecklenburg-Vorpommern 10, 2003, 180–194.
3. **Ch. Augustynowicz/U. Reber** (Hrsg.), Vampirismus und magia posthuman im Diskurs der Habsburgermonarchie (Wien/Berlin 2011).
4. **A. Baeriswyl/S. Ulrich-Bochsler,** Bern, Brechbühlerstrasse 4–18, Schönberg Ost. Die bernische Richtstätte „untenaus". Archäologie Bern. Jahrbuch des Archäologischen Dienstes des Kantons Bern 2010, 50–55.
5. **A. Baeriswyl/S. Ulrich-Bochsler,** BE, Brechbühlerstrasse 4–18, Schönberg Ost. Die bernische Richtstätte „untenaus". In: J. Auler (Hrsg.), Richtstättenarchäologie 2 (Dormagen 2010) 174–178.
6. **P. Barber,** Vampires, Burial, and Death. Folklore and Reality (New Haven/London 2010).

7. **St. Berg/R. Rolle/H. Seemann,** Der Archäologe und der Tod. Archäologie und Gerichtsmedizin (München 1981).

8. **T. K. Betsinger/A. B. Scott,** Governing from the Grave: Vampire Burials and Social Order in Post-medieval Poland. Cambridge Archaeological Journal 24/3, 2014, 467–476.

9. **J. Blair,** The dangerous dead in early medieval England. In: St. Baxter u.a. (Hrsg.), Early Medieval Studies in Memory of Patrick Wormald (Farnham/Burlington 2009) 539–559.

10. **R. Bodner,** Wiedergänger. In: H. Beck/H. Steuer/Dieter Timpe (Hrsg.), Reallexikon der Germanischen Altertumskunde 33 (Berlin/New York 2006) 598–604.

11. **S. Brather,** Wiedergänger und Vampire? Bauch- und Seitenlage bei westslawischen Bestattungen des 9. bis 12. Jh. In: G. H. Jeute/ J. Schneeweiß/C. Theune (Hrsg.), Aedificatio terrae. Beiträge zur Umwelt- und Siedlungsarchäologie Mitteleuropas. (Rahden/ Westf. 2007) 109–117.

12. **P. J. Bräunlein:** Die Rückkehr der „lebenden Leichen“. Das Problem der Untoten und die Grenzen ethnologischen Erkennens. Kea 9, 1996, 97–126.

13. **Th. Browne,** Hydriotaphia, Urn-Burial and The Garden of Cyrus (London 1658) [http://publicdomainreview.org/collections/ hydriotaphia-urn-bu-rial-and-the-garden-of-cyrus-1658/].

14. **N. Brundke,** Das Gräberfeld von Mockersdorf – Frühmittelalterliche Sonderbestattungen im slawisch-fränkischen Kontaktbereich. In: St. Flohr (Hrsg.), Beiträge zur Archäozoologie und Prähistorischen Anthropologie (Langenweißbach 2013) 141–150.

15. **St. Burmeister,** Moorleichen – Sonderbestattung, Strafjustiz, Opfer? Annäherung an eine kulturgeschichtliche Deutung. In: N. MüllerScheeßel (Hrsg.), „Irreguläre" Bestattungen in der Urgeschichte: Norm, Ritual, Strafe ...? (Bonn 2013) 485–506.

16. **N. Caciola,** Wraiths, Revenants and Ritual in Medieval Culture. Past and Present 152, 1996, 3–45.

17. **M. Collins Jenkins,** Vampire Forensics. Uncovering the Origins of an Enduring Legend (Washington D.C. 2011).

18. **H. L. Cox,** Volkskunde. In: Sterben und Tod. Annotierte Auswahlbibliographie (Wiesbaden 1996) 484–533.

19. **G. Dyson,** Kings, Peasants, and the Restless Dead: Decapitation in AngloSaxon Saints' Lives. Retrospectives 3/1, 2014, 32–43.

20. **C. J. Efthimiou/S. Gandhi,** Cinema Fiction vs Physics Reality. Ghosts, Vampires and Zombies. Skeptical Inquirer 31/4, 2007[http://www.csicop.org/si/show/cinema_fiction_vs._physics_reality].

21. **Th. Einwögerer/U. Simon,** Zwei altsteinzeitliche Säuglingsbestattungen an der Donau. Archäologie in Deutschland 3, 2011, 62–63.

22. **D. Feucht,** Grube und Pfahl. Ein Beitrag zur Geschichte der deutsche Hinrichtungsbräuche (Tübingen 1967).

23. **P. Fischer,** Strafen und sichernde Maßnahmen gegen Tote im germanischen und deutschen Recht (Düsseldorf 1936).

24. **R. Fossier,** Das Leben im Mittelalter (München/Zürich 2009).

25. **A. Franz,** Grab-Analysen: Wie Archäologen Vampire jagen. Spiegel Online [http://www.spiegel.de/wissenschaft/mensch/grab-analysen-wie-archae-ologen-vampire-jagen-a-633404.html vom 2.7.2009].

26. **S. Freud,** Zeitgemäßes über Krieg und Tod. Imago. Zeitschrift für Anwendung der Psychoanalyse auf die Geisteswissenschaften 4, 1915, 1–21 [http://www.gutenberg.org/files/29941/29941-h/29941-h.htm].

27. **H. Fries,** Eine ungewöhnliche Bestattung auf dem Anklamer Pferdemarkt aus der Zeit des Dreißigjährigen Krieges. Archäologische Berichte aus Mecklenburg-Vorpommern 3, 1996, 80–83.

28. **L. Gardeła,** Buried with Honour and Stoned to Death? The Ambivalence of Viking Age Magic in the Light of Archaeology. Analecta Archaeologica Ressoviensa 4, 2009, 339–359.

29. **L. Gardełła,** The Dangerous Dead? Rethinking Viking-Age Deviant Burials. In: L. Słupecki/R. Simek (Hrsg.), Conversions: Looking for Ideological Change in the Early Middle Ages (Wien 2013) 99–136.

30. **L. Gardeła,** Death in the Margin. The Landscape Context of Viking Age "Deviant Burials". In: W. Bedy ski/I. Povedák (Hrsg.), Landscape as a Factor in Creating Identity (Warschau 2014) 63–76.

31. **L. Gardeła/K. Kajkowski, Vampires,** criminals or slaves? Reinterpreting "deviant burials" in early medieval Poland. World Archaeology 45/5, 2013, 780–796.

32. **W. Gehrke,** Das slawische Gräberfeld am Spandauer Burgwall. In: A. von Müller/K. von Müller-Muci, Ausgrabungen, Funde und naturwissenschaftliche Untersuchungen auf dem Burgwall in Berlin-Spandau (Berlin 1989) 143–174.

33. **P. Geiger,** Die Behandlung der Selbstmörder im deutschen Brauch. Schweizerisches Archiv für Volkskunde 26, 1925, 145–170.

34. **P. Geiger,** Nachzehrer. In: H. Bächtold-Stäubli (Hrsg.), Handwörterbuch des deutschen Aberglaubens 6 (Berlin/New York 1987) 812–823.

35. **P. Geiger,** Wiedergänger. In: H. Bächtold-Stäubli (Hrsg.), Handwörterbuch des deutschen Aberglaubens 9 (Berlin/New York 1987) 570–578.

36. **M. Genesis,** „Das Gericht" in Alkersleben – archäologischer und historischer Nachweis einer mittelalterlichen Richtstätte in Thüringen unter Hinzuziehung anthropologischer Analysen (Langenweißbach 2014).

37. **L. A. Gregoricka u.a.**, Apotropaic Practices and the Undead: A Biogeochemical Assessment of Deviant Burials in Post-Medieval Poland. PLoS ONE 9(11) 2014: e113564. doi:10.1371/journal.pone.0113564.

38. **R. Grenz**, Archäologische Vampirfunde aus dem westslawischen Siedlungsgebiet. Zeitschrift für Ostforschung 16, 1967, 255–256.

39. **G. Grober-Glück**, Aufhocker und Aufhocken nach den Sammlungen des Atlas der deutschen Volkskunde. Rheinisches Jahrbuch für Volkskunde 15–16, 1965, 117-143.

40. **G. Grober-Glück**, Der Verstorbene als Nachzehrer. In: M. Zender (Hrsg.), Atlas der deutschen Volkskunde N. F. Erläuterungen 2. (Marburg 1966–1982) 427–456.

41. **R. Gschlößl**, Begraben auf dem Bauch, Gesicht nach unten. Bayerische Archäologie 1, 2014, 29–30.

42. **H. Haferland**, Säkularisierung als Literarisierung von Glaubenselementen der Volkskultur. Wiedergänger und Vampire in der Krone Heinrichs von dem Türlin und im Märe von der Rittertreue bzw. im Märchen vom dankbaren Toten. In: S. Köbele/B. Quast (Hrsg.), Literarische Säkularisierung im Mittelalter (Berlin 2014) 105–138.

43. **K. Hamberger (Hrsg.)**, Mortuus non mordet. Kommentierte Dokumentation zum Vampirismus 1689–1791 (Wien 1992).

44. **C. Hartz**, Antike mit Biss. Die schaurigsten Geschichten von Homer bis Horaz (Darmstadt/Mainz 2013).

45. **H.-P. Hasenfratz,** Leben mit den Toten. Eine Kultur- und Religionsgeschichte der anderen Art (Freiburg u.a. 1998).

46. **H. Haumann,** Dracula. Leben und Legende (München 2011).

47. **W. Hävernick,** Münzen als Grabbeigaben 750–1815. Hamburger Beiträge zur Numismatik 27–29, 1973–1975, 27–51.

48. **M. Heiduk,** Wiedergänger im Seuchendiskurs – Wechselwirkungen zwischen medizinischer Wissenschaft und Vampirmythos. In: C. Ch. Wahrmann/M. Buchsteiner/A. Strahl (Hrsg.), Seuche und Mensch. Herausforderung in den Jahrhunderten (Berlin 2012) 11–33.

49. **M. Hensch,** Sankt Johans Freidhof in Nabburg – Gewöhnliche und ungewöhnliche Einblicke in die spätmittelalterliche Begräbniskultur Ostbayerns. In: L. Husty/W. Irlinger/J. Pechtl (Hrsg.), „...und es hat doch was gebracht!" (Rahden/Westf. 2014) 423–440.

50. **O. M. Ismantorp,** Die Motivik des abgeschlagenen Kopfes in der nordgermanischen Textüberlieferung. Kontexte und Interpretation (RemdaTreichel 2014).

51. **Á. Jakobsson,** Vampires and Watchmen: Categorizing the Mediaeval Icelandic Undead. Journal of English an Germanic Philology 110, 2011, 281–300.

52. **B. Jungklaus,** Sit tibi terra levis – „Die Erde möge Dir leicht sein". Sonderbestattungen auf dem Friedhof des mittelalterlichen Ortes Diepensee (Land Brandenburg, Lkr. Dahme-Spreewald). In: F. Biermann/U. Müller/Th. Terberger (Hrsg.), „Die Dinge beobachten ...". Archäologische und historische Forschungen zur frühen Geschichte Mittel- und Nordeuropas (Rahden/Westf. 2008) 379-387.

53. **B. Jungklaus,** Sonderbestattungen vom 10.–15. Jh. in Brandenburg aus anthropologischer Sicht. Ethnographisch-Archäologische Zeitschrift 50, 2009, 197–214.

54. **J. Kaisin,** Annales historiques de la commune de Farciennes (Tamines 1889).

55. **D. Keyworth,** Was the Vampire of the Eighteenth Century a Unique Type of the Undead-corpse? Folklore 117, 2006, 241–260.

56. **D. F. Köster,** Alterthümer, Geschichten und Sagen der Herzogthümer Bremen und Verden (Leer 1976).

57. **E. Krafczyk,** „Friedhof der Vampire" versetzt Polen in Aufregung [http://www.welt.de/vermischtes/article118242265/Friedhof-der-Vampire-ver-setzt-Polen-in-Aufregung.html vom 21.7.2013].

58. **P. Kremer,** Wo das Grauen lauert. Blutsauger und kopflose Reiter, Werwölfe und Wiedergänger an Inde, Erft und Rur (Düren 2003).

59. **P. Kremer,** Draculas Vettern. Auf den Spuren des Vampirglaubens in Deutschland (Düren 2006).

60. **B. Kretschmer,** Der Grab- und Leichenfrevel als strafwürdige Missetat (Baden-Baden 2002).

61. **P. M. Kreuter,** Der Vampirglaube in Südosteuropa. Studien zur Genese, Bedeutung und Funktion. Rumänien und der Balkanraum (Berlin 2001).

62. **Ch. Kümmel,** Ur- und frühgeschichtlicher Grabraub. Archäologische Interpretation und kulturanthropologische Erklärung (Münster u. a. 2009).

63. **N. Kyll,** Die Bestattung der Toten mit dem Gesicht nach unten. Zu einer Sonderform des Begräbnisses im Trierer Land. Trierer Zeitschrift für Kunst und Geschichte 27, 1964, 168–183.

64. **K. Lambrecht,** Wiedergänger und Vampire in Ostmitteleuropa. Posthume Verbrennung statt Hexenverfolgung. Jahrbuch für deutsche und osteuropäische Volkskunde 37, 1994, 49–77.

65. **E. R. Lange,** Sterben und Begräbnis im Volksglauben zwischen Weichsel und Memel (Würzburg 1955).

66. **C. Lecouteux,** Geschichte der Gespenster und Wiedergänger im Mittelalter (Köln/Wien 1987).

67. **C. Lecouteux,** Die Geschichte der Vampire. Metamorphose eines Mythos (Düsseldorf 2001).

68. **C. Lecouteux,** Das Reich der Nachtdämonen. Angst und Aberglauben im Mittelalter (Düsseldorf 2001).

69. **Lerche,** Kopflos. In: H. Bächtold-Stäubli (Hrsg.), Handwörterbuch des deutschen Aberglaubens 5 (Berlin/New York 1987) 215–230.

70. **A. Linnebach**, Übersärge aus Holz von der Barock- bis zur Biedermeierzeit aus der Grablege der Familie von Stockhausen in der evangelischen Kirche zu Trendelburg. In: W. Neumann (Hrsg.), Vom Totenbaum zum Designersarg. Zur Kulturgeschichte des Sarges von der Antike bis zur Gegenwart (Kassel 1994) 43–65.

71. **H. Losert/E. Szameit**, Archäologische Untersuchungen im wiederentdeckten frühmittelalterlichen Gräberfeld von Mockersdorf, Stadt Neustadt a. Kulm, Landkreis Neustadt a.d. Waldnaab, Oberpfalz. Das Archäologische Jahr in Bayern 2003, 2004, 101–103.

72. **M. Luther**, Tischreden Oder colloquia Doct. Mart. Luthers, hrsg. v. J. Aurifaber [Nachdruck Leipzig 1983] (Eisleben 1566).

73. **M. MacDonald**, The Secularization of Suicide in England 1660-1800. Past and Present 111, 1986, 50–100.

74. **B. Mafart/I. Baroni/G. Onoratini**, Les restes humains de la Grotte de l'Adaouste du neolithique ancien final (Bouches du Rhône, France). Cannibalisme ou rituel funeraire? British Archaeological Report, 2004, S 1303, 289–294.

75. **W. Mannhardt**, Die praktischen Folgen des Aberglaubens, mit besonderer Berücksichtigung der Provinz Preußen (Berlin 1878).

76. **M. Meister**, Unabgeschlossene Beziehungen zwischen Lebenden und Toten. Gespenster und Wiedergänger im interkulturellen Vergleich. Beiträge zur Historischen Sozialkunde 21/3, 1991, 93–99.

77. **J. Milton,** Das verlorene Paradies (Leipzig 1843) [http://www.zeno.org/Literatur/M/Milton,+John/Epos/Das+verlorene+Paradies].

78. **A. Möller,** Theatrum Freibergense Chronicum. Beschreibung der alten löblichen BergHauptStadt Freyberg in Meissen 2 (Freybergk 1653).

79. **I. Müller/L. Röhrich,** Der Tod und die Toten. Jahrbuch für Volkskunde 13, 1967, 346–397.

80. **U. Müller,** Zwischen Himmel und Hölle – Randgruppen in der Vormoderne. In: S. Kleingärtner/U. Müller/J. Scheschkewitz (Hrsg.), Kulturwandel im Spannungsfeld von Tradition und Innovation (Neumünster 2013) 321–334.

81. **W. Müller-Bergström,** Pfählen. In: H. Bächtold-Stäubli (Hrsg.), Handwörterbuch des deutschen Aberglaubens 6 (Berlin/New York 1987) 1550–1551.

82. **E. M. Murphy (Hrsg.),** Deviant Burial in the Archaeological Record (Oxford 2010).

83. **A. Niederhöffer,** Mecklenburg's Volkssagen (Bremen/Rostock 1998).

84. **D. Nösler,** Untote und Bann. Zwei mittelalterliche Wiedergängerbestattungen aus dem Kreuzgang des Benediktinerklosters Harsefeld. Geschichte und Gegenwart 2014, 11–20.

85. **E. Nuzzolese/M. Borrini,** Forensic Approach to an Archaeological Casework of "Vampire" Skeletal Remains in Venice: Odontological and Anthropological Prospectus. Journal of Forensic Sciences 55, 2010, 1634–1637.

86. **N. Ohler,** Sterben und Tod im Mittelalter (Düsseldorf 2004).

87. **H. G. Peters,** Das wendische Reihengräberfeld von Növenthien, Kreis Uelzen. I: Die archäologischen Ergebnisse. Neue Ausgrabungen und Forschungen in Niedersachsen 3, 1966, 225–264.

88. **L. Petzoldt (Hrsg.),** Deutsche Volkssagen (Wiesbaden 2007).

89. **L. Petzold/O. Haid,** Lebender Leichnam. In: H. Beck/H. Steuer/Dieter Timpe (Hrsg.), Reallexikon der Germanischen Altertumskunde, Bd. 18 (Berlin/New York 2001) 165–169.

90. **W.-E. Peuckert,** Deutsche Sagen. Bd. 1: Niederdeutschland (Berlin 1961).

91. **R. Pohanka,** Lebendig begraben. Ein Skelettfund aus dem Chor der Minoritenkirche in Wien. Opfer der Medizin, Übeltäter oder Wiedergänger? In: K. Kühtreiber/Th. Kühtreiber (Hrsg.), Beiträge zur historischen Archäologie (Wien 2003) 167–171.

92. **A. Pollex,** Sonderbestattungen im nordwestlichen slawischen Raum. Ethnographisch-Archäologische Zeitschrift 50, 2009, 117–129.

93. **A. Pollex,** Glaubensvorstellungen im Wandel. Eine archäologische Analyse der Körpergräber des 10. bis 13. Jahrhunderts im nordwestslawischen Raum (Rahden/Westf. 2010).

94. **J. Praetorius:** Philosophia Colus oder Pfü lose vieh der Weiber, darinnen gleich 100 allerhand gewöhnliche Aberglauben des gemeinen Mannes lächerig wahr gemachet werden ... (Leipzig u. a. 1662).

95. **B. Prehn,** Totenkrone und Eselsbegräbnis – Bestattungen und Bestattungsplätze in Spätmittelalter und Früher Neuzeit. In: H. Jöns/F. Lüth/H. Schäfer (Hrsg.), Archäologie unter dem Straßenpflaster. 15 Jahre Stadtkernarchäologie in Mecklenburg-Vorpommern (Schwerin 2005) 459–464.

96. **M. Ranft,** De masticatione mortuorum in tumulis, (Oder von dem Kauen und Schmatzen der Todten in Gräbern) liber singularis (Leipzig 1728) [http://www.nbn-resolving.de/urn:nbn:de:bvb:384-uba001502-0].

97. **M. Ranft,** Tractat von dem Kauen und Schmatzen der Todten in Gräbern. Worin die wahre Beschaffenheit derer Hungarischen Vampyrs und BlutSauger gezeigt, Auch alle von dieser Materie bißher zum Vorschein gekommene Schrifften recensiret werden (Leipzig 1734) [http://ora-web.swkk.de/digimo_online/digimo.entry?source=digimo.Digitalisat_a nzeigen&a_id=1473].

98. **A. Reynolds,** Anglo-Saxon Deviant Burial Customs (Oxford 2014).

99. **E. L. Rochholz,** Wanderlegenden aus der Oberdeutschen Pestzeit von 1348 bis 1350 (Aarau 1887).

100. **J.-J. Rousseau,** Citoyen de Genève, a Christophe de Beaumont (Amsterdam 1763) [http://nbn-resolving.de/urn:nbn:de:bvb:12-bsb10764040-3].

101. **P. Sartori,** Die Totenmünze. Archiv für Religionswissenschaft 2, 1899, 205–225.

102. **H. Schaub,** Knochen und Bestattungsriten. Die Bedeutung archäologischer Funde zum Wiedergänger- bzw. Vampirglauben. Kakanien [http://www.kakanien-revisited.at/beitr/vamp/HSchaub1.pdf vom21.12.2009].

103. **H. B. Schindler,** Der Aberglaube des Mittelalters. Ein Beitrag zur Culturgeschichte (Breslau 1858).

104. **J.-C. Schmitt,** Heidenspaß und Höllenangst. Aberglaube im Mittelalter (Frankfurt/New York 1993).

105. **J.-C. Schmitt,** Die Wiederkehr der Toten. Geistergeschichten im Mittelalter (Stuttgart 1995).

106. **R. Schmitz-Esser,** Der Leichnam im Mittelalter. Einbalsamierung, Verbrennung und die kulturelle Konstruktion des toten Körpers (Ostfildern 2014).

107. **H. Schreuer,** Das Recht der Toten. Eine germanistische Untersuchung. Zeitschrift für vergleichende Rechtswissenschaft 33, 1916, 333–432.

108. **E. Schuldt,** Zerstörte Großsteingräber von Alt Stassow und Nustrow, Kreis Rostock. Bodendenkmalpflege in Mecklenburg, Jahrbuch 1972, 39–44.

109. **Th. Schürmann,** Nachzehrerglauben in Mitteleuropa (Marburg 1990).

110. **Th. Schürmann,** Schmatzende Tote und ihre Bekämpfung in der Neuzeit. Ethnographisch-Archäologische Zeitschrift 50, 2009, 235–247.

111. **Th. Schürmann,** Gestalten des nachholenden Toten in Mitteleuropa. In: J. Carstensen/G. Apel (Hrsg.), „Verflixt!" – Geister, Hexen und Dämonen (Münster u.a. 2013) 135–145.

112. **J. Schwebe,** Spuren wendischer Nachzehrer-Vorstellungen im östlichen Niedersachsen. Rheinisches Jahrbuch für Volkskunde 10, 1959, 238–252.

113. **J. Schwebe,** Volksglaube und Volksbrauch im hannoverschen Wendland (Köln u.a. 1960).

114. **U. Simon u.a.,** The archaeological record of the Gravettian open air site Krems-Wachtberg. Quaternary International 351, 2014, 5–13.

115. **P. S. Sledzik/N. Bellantoni,** Bioarcheological and biocultural evidence for the New England vampire folk belief. American Journal of Physical Anthropology 94/2, 1994, 269–274.

116. **P. Sokol,** Suicide, vampire and delinquent. Burial practice as a form of social exclusion. In: J. Auler (Hrsg.), Richtstättenarchäologie 2 (Dormagen 2010) 148–170.

117. **L. Strackerjan,** Aberglaube und Sagen aus dem Herzogtum Oldenburg (Oldenburg 1909).

118. **I. Štefan,** Frühmittelalterliche Sonderbestattungen in Böhmen und Mähren. Archäologie der Randgruppen? Ethnographisch-Archäologische Zeitschrift 50, 2009, 139–162.

119. **O. Steiner,** Vampirleichen. Vampirprozesse in Preußen (Hamburg 1959).

120. **B. Stoker,** Dracula (Stuttgart 2012).

121. **A. Stülzebach,** Vampir- und Wiedergängererscheinungen aus volkskundlicher und archäologischer Sicht. Concilium medii aevi 1, 1998, 97–121.

122. **G. van Swieten,** Vampyrismus (Augsburg 1768) [http://www.gutenberg.org/ebooks/30886].

123. **G. Tallar,** Visum Repertum Anatomico-Chirurgicum oder Gründlicher Bericht von den sogenannten Blutsäugern, Vampier (Wien 1784) [https://www.deutsche-digitale-bibliothek.de/item/3LEVPHTLPNLR5QN6 ZSUC3JN2CI3N6BS5].

124. **A. Tsaliki,** Vampires beyond legend; a bioarchaeological approach. Journal of Paleopathology 11, 1999, 116–117.

125. **A. Tucker,** The Great New England Vampire Panic. Smithsonian Magazin, October 2012 [http://www.smithsonianmag.com/history/the-great-new-england-vampire-panic-36482878/?no-ist].

126. **J. Tucker,** The geometry of suicide law. International Journal of Law, Crime and Justice 43, 2015, 342–365.

127. **Ch. Tuczay,** „...swem er den tôt getuot, dem sûgents ûz daz warme bluot". Wiedergänger, Blutsauger und Dracula in deutschen Texten des Mittelalters. In: J. Bertschik/Ch. Tuczay (Hrsg.), Poetische Wiedergänger. Deutschsprachige Vampirismus-Diskurse vom Mittelalter bis zur Gegenwart (Tübingen 2005) 61–82.

128. **Ch. Tuczay,** Vampirismus. In: H. Beck/H. Steuer/Dieter Timpe (Hrsg.), Reallexikon der Germanischen Altertumskunde 35 (Berlin/New York 2007) 379–383.

129. **H. Ullrich,** 47/57 Sanzkow, In: J. Herrmann/P. Donat (Hrsg.), Corpus archäologischer Quellen zur Frühgeschichte auf dem Gebiet der Deutschen Demokratischen Republik. 2. Lieferung: Bezirke Rostock (Ostteil), Neubrandenburg. (Berlin 1979) 281–297.

130. **D. Wade,** The Serpent and the Rainbow: A Harvard Scientist's Astonishing Journey into the Secret Societies of Haitian Voodoo, Zombis, and Magic (New York 2008).

131. **J. Weber,** Untersuchungen auf dem Kirchhof der Marienkirche in Anklam. Archäologische Berichte aus Mecklenburg-Vorpommern 6, 1999, 135–148.

132. **D. Wehner/K. Grüneberg-Wehner,** Mit Stein im Mund. Ein Fall von Nachzehrerabwehr in der St. Catharinenkirche am Jellenbek, Kr. RendsburgEckernförde? Archäologie in Schleswig 15, 2014, 55–68.

133. **G. Wiegelmann,** Der „lebende Leichnam“ im Volksbrauch. Zeitschrift für Volkskunde 62, 1966, 161–184.

134. **W. Wolska,** Überlegungen zum Bestattungsritual im Gräberfeld von Spandau/Burgwall. In: A. von Müller/K. von Müller-Muci, Ausgrabungen, Funde und naturwissenschaftliche Untersuchungen auf dem Burgwall in Berlin-Spandau (Berlin 1989) 199–230.

135. **A. Wuttke,** Der deutsche Volksaberglaube der Gegenwart (Berlin 1900).

136. **A. Zeeb-Lanz u. a.,** Außergewöhnliche Totenbehandlung – Überraschendes aus der bandkeramischen Anlage von Herxheim bei Landau (Südpfalz). Mitteilungen der Berliner Gesellschaft für Anthropologie, Ethnologie und Urgeschichte 30, 2009, 115–126.

137. **M. Zender,** Die Grabbeigaben im heutigen deutschen Volksbrauch. Zeitschrift für Volkskunde 55, 1959, 32–51.

砍頭與釘樁

不死族的千年恐懼與考古追獵之旅

Geköpft und gepfählt: Archäologen auf der Jagd nach den Untoten

作　　者　安格莉卡・法蘭茲、丹尼爾・諾斯勒
譯　　者　區立遠
封面設計　高偉哲
版型設計　黃暐鵬
內頁排版　高巧怡
行銷企劃　林芳如、王淳眉
行銷統籌　駱漢琦
業務統籌　郭其彬、邱紹溢
特約編輯　許景理
責任編輯　吳佳珍
副總編輯　何維民
總 編 輯　李亞南
發 行 人　蘇拾平
出　　版　漫遊者文化事業股份有限公司
地　　址　台北市 105 松山區復興北路 331 號 4 樓
電　　話　（02）27152022
傳　　真　（02）27152021
讀者服務信箱　service@azothbooks.com
漫遊者書目：www.azothbooks.com
漫遊者臉書：www.facebook.com/azothbooks.read
發行或營運統籌　大雁文化事業股份有限公司
地　　址　台北市 105 松山區復興北路 333 號 11 樓之 4
劃撥帳號　50022001
戶　　名　漫遊者文化事業股份有限公司
初版一刷　2018 年 12 月
定　　價　新台幣 360 元

國家圖書館出版品預行編目 (CIP) 資料

砍頭與釘樁：不死族的千年恐懼與考古追獵之旅 / 安格莉卡・法蘭茲、丹尼爾・諾斯勒 著 ; 區立遠譯 . -- 初版 . -- 臺北市 : 漫遊者文化出版 : 大雁文化發行 , 2018.12
280 面 ; 14.8X21 公分
譯自 : Geköpft und gepfählt: Archäologen auf der Jagd nach den Untoten

ISBN 978-986-489-011-8(平裝)

1. 文化史 2. 考古學 3. 西洋文化

713　　107020404

I S B N　978-986-489-011-8（平裝）